U0127980

贛文化通典

——名勝卷　第一冊

代序

邵鴻

南昌大學鄭克強教授主編的《贛文化通典》即將出版。這部大書，是我期盼已久、很有意義的一項工作。自一九九四年江西出現贛文化研究熱潮以來，江西歷史和文化研究成績可觀，《贛文化通典》是又一新的重要成就，可喜可賀！克強索序於我，盛意不能不有所應命。近年我寫過好些綜論贛文化的文字，特別是在《江西通史》導論中有較系統的闡述，似乎沒有重複的必要。然而講贛文化，不能不從「贛」字說起，恰恰在這個基本點上，其實還有工作要做。因此，我想借此機會從辭源學的角度，把對「贛」字的兩點認識寫出來，命曰「說贛」，權充序言，為《贛文化通典》做一個開篇鋪墊並向大家請教。

第一個問題，關於贛字的起源和演變。

因為資料限制，這一問題曾難以解答。

在傳世文獻中，「贛」最早出現於春秋戰國時期。如孔門高足端木賜，字子貢，貢在古籍裡常寫成贛或贑，贛有賜予之意，名字正相配合。贛也常用作通假字，借為愚戇、戇直之戇。成書於戰國的《山海經・海內東經》：「贛水出聶都東山。」郭璞注：「今贛水出南康南野縣西北，音感。」同書《海內經》：「南方有

贛巨人，人面長唇，黑身有毛，反踵，見人笑亦笑，唇蔽其面，因即逃也。」這兩條記載不僅是先秦古籍中「贛」字的實例，而且公認是與上古江西地區有關的史料。從此，贛就和江西有了不解之緣。

但在東漢許慎的《說文解字》裡，卻沒有贛字。與之相當的，是字，該書卷六：「䝔，賜也。從貝，竷省聲。贛，籀文竷。」清段玉裁注云：「竷之古義古音，皆與貢不同。」因為依據有限，段說並未得到廣泛認同。

近幾十年來，先秦秦漢時期的簡牘、帛書、璽印、銘刻等考古材料大量出現，古文字學界對贛字的認識有了決定性突破。從李家浩先生獨具慧眼破解「上贛君之諨璽」開始[1]，人們逐漸認識到，戰國時期贛字有歁、歁、贛、贛、竷等形體，基本構造是從章、從欠、從貝，欠亦為聲符。我們今天熟悉的贛字，實際上是「贛」、「贛」等形的訛變和俗體字[2]。後來贛一直有兩種讀音，一讀幹，一讀貢[3]，應與此有關。在此基礎上陳劍先生又發現，早在西周金文中已有贛字，作𩛥、𣂤等形，是一個會意字，像人以雙手賜予玉璋，意為賞賜。後來右邊的𣂤演變為欠，

1　李家浩：《楚國官印考釋》，《江漢考古》1984 年第 4 期。

2　參何琳儀《戰國古文字典 戰國文字聲系》下冊，第 1453-1455 頁；黃德寬《古文字譜系疏證》第四冊，第 4041-4043 頁；滕壬生《楚系簡帛文字編》增訂本，第 517 頁；李運富《楚國簡帛文字構形系統研究》，第 129-130 頁。

3　如《集韻》贛江之贛讀為古暗切，贛賜之贛讀為古洞切。

遂形成了贛字的早期形體「歓」[4]。陳說得到古文字學界較普遍的認可，可以信據。由此可知，上古贛字字形、字音確不從貢，許慎錄「贛」而非「贛」表現了大師的精審，但也有小誤，段玉裁的有關見解則實屬卓識。

　　近期我對古文字材料中的贛字做了進一步考察，得出的認識是：戰國及秦代相關諸字出現較多（特別是在數量頗豐的楚、秦系簡帛文獻中），而「贛」字則尚未見[5]。從已知材料看，「贛」字最早出現在西漢初年馬王堆漢墓帛書《春秋事語》中，用於子貢之名。可能抄寫於西漢前期的定州漢簡《論語》，子貢也有寫作「子贛」或「子贏」（當為贛的異體）的[6]。東漢碑銘中亦有實例，如《譙敏碑》及熹平石經《論語》[7]。但漢代古文字資料中「贛」字實例相對很少，馬王堆帛書裡贛字多作「贛」、「贛」、「贛」等形，但「贛」僅上舉一例；《漢印文字彙》共收入三十九個贛字，只有兩個從貢，一作「贛」，一作「贛」；在諸多漢簡及湖南長沙走馬樓三國簡資料中，贛也絕大部分從貝而

4　陳劍：《釋西周金文的「贛（贛）」字》，《北京大學古文獻研究所集刊》（一），北京燕山出版社 1999 年版。

5　雲夢睡虎地秦簡《日書》中有一「贛」字，可能為「贛」字的或體，待證。另新出湖南龍山裡耶秦簡中數見「贛」字，也很值得注意。

6　河北省文物考古研究所定州漢墓整理小組：《定州漢墓竹簡〈論語〉》（文物出版社 1997 年版）。需要說明的是，該整理小組將簡本中十餘例子貢、子贛全部隸定為「子貢」、「子贛」，但據公佈的部分摹本，實際多數也作貢、贛之形，只有個別從貢。

7　據《隸釋》卷十四《石經〈論語〉殘碑》，「子贛」、「子贛」各三見。

不從貢。總的來說，西漢以來伴隨著隸書的發展，「贛」字出現漸多，但更流行的寫法仍然是從貝的「贑」、「輵」、「贛」等形。此外，「灨」雖已出現，但極少見（目前僅見一例，應為東漢之印）。

到魏晉時期，「贛」可能已成為普通寫法，「灨」字也流行起來。曾經引起「蘭亭序」真偽之爭的東晉贛令王興之、王閩之父子兩墓誌三見「灨」字[8]，這是六朝使用「灨」字以及已知最早將江西贛縣寫作「灨」的實例。此後，除了少數學者（如唐代開成石經《五經文字》和宋代《廣韻》的作者等），一般人已是只知有「贛」，不知其始了。

瞭解贛的本字和演變，不僅是解說贛文化的第一步，而且也有其他意義。比如由此可以更好地利用新出考古和古文字資料研究江西上古史，又比如我們可以知道，今天所見先秦兩漢乃至更晚古籍中的「贛」或「灨」字，其實是後來抄刻而成，並非本來面目。因而，自劉宋劉澄之以來聚訟一千數百年的「章、貢成贛（水）」之說的確是不能成立的[9]，反而是北宋歐陽忞《輿地廣記》先有贛水、後有章、貢的說法更值得重視。

第二個問題，以贛為江西簡稱始於何時？

江西稱贛，無疑因為縱貫全境的贛江之故。贛水至晚戰國已

---

8 南京市文物保管委員會：《南京象山東晉興之夫婦墓發掘報告》，《文物》1965 年第 6 期；南京市文物保管委員會：《南京象山 5 號、6 號、7 號墓清理簡報》，《文物》1972 年第 11 期。

9 劉說見《水經注》卷三十九引。

經得名，然而以「贛」代稱江西從什麼時候開始？這一問題向少討論，近來翻檢史料，發現這其實是很晚近的事情。

西漢初年，在今章、貢二水匯流處設贛縣，屬豫章郡。此後贛縣歸屬屢有變更，隋唐以來屬虔州，為州治。在很長時間裡，凡言贛、贛人，均指贛縣而言。如唐代著名書法家鐘紹京，《資治通鑒》卷二〇九說他是「灨（贛）人」，新舊《唐書》本傳則說是「虔州贛人」[10]。又如蘇東坡謫貶北歸期間，與友人書信屢言「度嶺過贛」、「候水過贛」、「已到贛上」，又有名詩《八月七日初入贛，過惶恐灘》，「贛」也都是指贛縣和虔州州治之地。

宋高宗紹興二十三年（1153），以虔為虎頭不祥，改虔州為贛州。此後，「贛」更多的時候是指贛州（府）全境。試舉數例：

> 江西（風水）之法，肇於贛楊筠松、曾文辿。及賴大有、謝世南輩，尤精其學。（《王忠文集》卷二十，《叢錄》）
> 紹熙癸醜之秋，贛境大水，至浸於（信豐）縣鼓樓兩樟之間。（《夷堅志丙》卷一）
> 江西山皆至五嶺、贛上來，自南而北，故皆逆。（《朱子語類》卷二）

10 類似的例子如《九江記》（《太平御覽》卷四二五引）：「王植新，贛人也」；《資治通鑒》卷二六七：「（廖）爽，贛人也」；同書卷二七六：「匡齊，贛人也」，其實說的都是「虔州贛人」。

明正德十一年（1516），朝廷設「巡撫南贛汀韶等處地方提督軍務」，嘉靖四十五年（1566）定為南贛巡撫，下轄南安、贛州、韶州、南雄、汀州等府。清初延續，至康熙四年（1665）正式撤銷。這一時期並延及清代中後期，「贛」一般仍指贛州府境，但範圍有擴大的趨勢。贛州與原從虔州分出、清代又同屬嶺北道（後改贛南道）的南安，在稱謂上逐漸接近，「南贛」、「贛南」成為習語。因此，有時就有以贛代指南、贛情形出現。如《明儒言行錄》卷八：「贛人性矯野，（王守仁）為立十家牌法，作業出入有紀，又行鄉約，設社學，教郡邑子弟歌詩習禮……嶺北風俗，為之丕變。」既云「嶺北」，顯然是指南、贛二府之地。又明《李友華墓誌》：「（萬曆中）巡撫南贛……在贛十四年，威惠甚著」；《盛京通志》卷七十七《胡有升》：「（順治五年）以總兵出守南贛……六年致仕，贛人思其德。」這裡單言的「贛」，則是包括南贛巡撫轄區而言了。

儘管內涵逐步擴大，但直至清後期，「贛」一直只是局促於江西南部一隅，並未成為全省概稱。歷史上，江西的概稱有豫章、江西、江右、西江等，元明時期隨著江西行省的設立，也稱江、江省，「江」成為江西簡稱[11]。清代朝廷詔奏及官方文書中

---

11 如元人虞集《貢院題名記》：「夫江省，所統郡二十，多以文物稱」；明歐陽鐸《黃鄉保築城碑》：「贛，江省邊邑也」；李振裕《與吉水王明府書》：「江省理學，海內所推」（以上引文均見同治《江西通志》的《藝文志》，該志類似例子很多，不俱引）。又清計六奇《明季北略》卷二十一《李邦華》：「今異增兵以扼險，江撫駐九江，贛撫駐吉安，以壯虎豹當關之勢。」可見當時「江」、「贛」之別是明顯的。

大量使用「江省」、「江境」、「江撫」、「江、閩」、「江、粵」等語，曾任江西巡撫的蔡士英有《撫江集》一書，說明清代仍然通行。

但「江」作為省稱，易與江蘇和黑龍江相混（清代兩省也可稱「江」或「江省」），因而最終未能持久通行，「贛」逐漸取代「江」成為江西簡稱。現在可斷言的是：清末江西稱贛已經普遍流行。檢《近代期刊篇目匯錄》[12]，最早有光緒二十三年（1897）十月初五日上海《集成報》轉載《申報》「贛省西學」報導，光緒二十七年（1901）有「贛撫被參」、「贛撫李議複新整事宜折」、「贛試不停」、「贛出教案」等報導，從此到光緒三十四年（1908），江西、北京、上海、南京、廣州、重慶、武昌、廈門、山東等地多種報刊關於「贛」省的報導多達六十條，其後宣統時期短短三年亦近六十條。複檢《清實錄》，咸豐、同治時期官方詔奏中「贛」仍然專指贛州或南贛，「江」則依舊為江西簡稱，至光緒二十九年（1903）「贛省」出現，以後不斷增多，迄光緒末共計六處；《宣統政紀》涉及「贛」省之文激增，多達二十處。承廖聲豐博士協助檢索第一歷史檔案館所藏清宮中檔和軍機檔，情況和《實錄》相似。自光緒三十一年（1905）護理江西巡撫周浩就釐定江西營制章程上奏摺中首見「贛省」，此後亦逐漸增多。其他例子還有很多，如光緒三十年（1904）出版的《江

---

12 南昌大學歷史系內部資料本，2005 年

西官報》已見「贛省」字樣[13]；光緒三十一年（1905）浙江發生「浙贛鐵路交涉」風波[14]；光緒三十三年（1907）江西鑄造發行贛字款銅元；三十四年（1908）七月，留日江西留學生創辦《江西》雜誌，萍鄉湯增璧作《警告全贛書》、《比較贛人與江浙人之對路事》、《贛事拾遺》等文[15]；同年江西洋務局汪鐘霖《贛中寸牘》印行，等等。這些例證均可證明，光緒末年「贛」稱已極普遍，而且民間較公文使用要更早一些。不過應指出的是，清末江西「江」的概稱並沒有立即被完全取代，而是與「贛」並用，入民國後才逐漸消失。

不言而喻，「贛」稱的流行一定不始於光緒末年，而應有一個發展過程。但究竟早到何時，則還需要研究。《清史稿》有以下三條有關記載：

《列傳》一五八《牛鑒傳》：

「（道光二十二年〔1842〕耆英等）合疏以保全民命為請，略曰：江寧危急，呼吸可虞，根本一摧，鄰近皖、贛、鄂、湘，皆可航溯。」

《列傳》二百七十七《王東槐傳》：

---

13 《江西官報》當年第十四期載黃大壎、陳三立等人關於創辦機器造紙公司的呈文，其中言及：「竊贛省土紙，實為大宗，而海關洋紙，日益進步。」

14 浙江同鄉會當年在日本印行《浙贛鐵路事件》一書（國家圖書館古籍部藏），對此有較詳記載。

15 參周年昌《湯增璧先生傳略與研究》，《中國民主革命的先驅——湯增璧》，甘肅人民出版社 2011 年版。

「（道光三十年〔1850〕奏言）若開礦之舉，臣曾疏陳不便，順天已停，而湘、贛等省試辦，驚擾百姓，利害莫測。」

《列傳》二百十《王拯傳》：

「（同治三年〔1864〕疏言）擬請飭贛、皖、楚、粵各疆臣，值此事機至緊，無論如何變通為難，總當殫竭血誠，同心共濟。」

按說有這幾條證據，本可以認為道、同間稱江西為「贛」已漸流行。但鑒於以下幾方面原因，我以為還有可疑。

其一，我翻檢了很多咸同時期的史料，未見江西稱「贛」確證；儘管說有易，說無難，特別是我的閱讀面相對於浩如煙海的同期史料當然還是太少，但問題是《實錄》和檔案材料也是如此，這就不能不慎重了。

其二，我一度認為是同治年間江西稱「贛」鐵證的趙之謙文獻被否定。同治十一年（1872）冬，著名學者和藝術家趙之謙到南昌，協助巡撫劉坤一撰修《江西通志》，光緒十年（1884）逝於江西。其間他在書信中多有談及在「贛」情形，並有《贛省通志》部分手稿存於上海圖書館[16]。但近詢該館有關人士，「贛省

16 近年文物拍品中有不少涉「贛」的趙氏手札，如「弟自到贛以來，終日衙參，一差未得，暫居客館，草草勞人」（西泠印社有限公司 2009 年春拍品，見博寶拍賣網）；「到贛兩年僅以志書一差，月薪不滿四十，一家八口何以支持」（中貿聖佳國際拍賣有限公司 2006 年春拍品，見同上）；「擬於初冬往贛，為稟到候補之急務也。吾哥如有信致贛，可預書就弟便帶去」（北京中漢 2011 年秋拍品，見中國收藏網）；「賀太尊定於正月初十日接首府印，大得蔣公心，到贛總在二月初間，

通志」四字非撝叔親筆，而是民國收藏者的題識；而當下拍賣會上出現的諸多趙氏涉「贛」書札，權威的趙之謙墨跡集中不見著錄，公認真品的趙氏書札只說「江西」、「江省」、「江右」、「豫章」等，因而疑點甚多。筆者特請教清華大學古代書畫鑑定專家邱才楨博士，他斷然認為這些拍品全為低仿贗品。據此，以往著錄中個別涉「贛」的趙氏書信，也就難為信據了。

其三，《清史稿》成書於民國，編撰者往往用當時語言概括史料，包括詔奏文字。舉一個類似的例子，《德宗實錄》載：光緒二十九年七月護理江西巡撫柯逢時奏：「贛省義寧、新昌二州縣交界地方，有黃岡山，久經封禁。」同年《江西官報》上刊登了奏摺原文，詳盡很多，但這一段內容相同，唯「贛省」寫作「江西」。這顯然是宣統年間實錄館臣綜述奏摺時做了改動。因而，《清史稿》的上述三條材料，也就值得存疑了。至少，《牛鑒傳》一條明言「略曰」，說明經過作者概括而非原疏文字。

因此，江西簡稱為「贛」的約定俗成，可能還是光緒朝即十九世紀七〇年代以來的事情。我推測清末民初「贛」逐漸替代「江」成為江西簡稱的原因，應與電報的應用有關。因為費用的昂貴使電報文字大量使用簡稱，並且要求精確規範，不易誤解。

速則正月之杪」（上海鴻海商品拍賣有限公司 2010 年秋拍品，見博寶拍賣網）。又《悲庵手札真跡》上冊亦有一札云：「到省數月，未獲一差，日用應酬，支持不易。贛地之柴米，較吾浙價賤，惟房租甚貴」（民國十四年碧梧山莊石印本）。《贛省通志》稿本見《上海圖書館地方誌目錄》，1979 年自印本，第 289 頁；《上海圖書館藏明清名家手稿》，上海古籍出版社 2006 年版，第 74 頁。

鑒於電報在中國的流行正是一八七〇年代以後的事情，這一推測不為無據。我很希望，有更深入的研究可以證明或證誤我的觀點。但顯然，相比於許多省份，如蜀、粵、閩、晉、豫、皖、滇、黔、浙、陝等簡稱的確定均不晚於明代，江西稱贛是很晚的事情，距離現在僅百餘年。由此，「贛」也走完了它從小到大的歷史道路。

搞清贛作為江西簡稱的時間也是有意義的，至少讀古籍時可避免犯錯。比如，我們不能把古籍中絕大部分的「贛」當作江西看待；又如在清代檔案整理擬題或寫文章時，將清初江西稱為贛省、江西巡撫稱為贛撫也屬不夠嚴謹。此外，以贛稱來鑑別書畫文物，則是一種辨偽的有效手段。

兩點認識已如上述。以考據文章代替序言，似乎不合常規。但我想，上述心得對贛文化研究應有裨益，故而還是大膽寫出，以供批評。同時我想說，對贛字的考察讓我聯想到：對於絢麗多彩、豐富深厚的江西歷史和文化來說，不僅研究天地極為廣闊，而且可能還有許多實屬基本的問題仍待關注和解決。研究者需要更加腳踏實地，勤奮努力，細緻深入，堅持不懈，才能把研究做到佳境，臻於一流。這是我所熱切期望於南昌大學各位朋友的。

二〇一一年最後一日於京華

序

周文斌

　　煌煌鴻制的《贛文化通典》即將付梓刊行，鄭克強教授主其事，並囑我作文以序之。這部大書，由數十位南昌大學的同仁參與編撰，是教育部「211」重點專案「贛學」的標誌性成果。由此我想起了孔憲鐸教授在《我的科大十年》中所說：「現代研究型的大學，多有三個功能：教學、研究和服務社會。為此科大要求所有的教員既要是教學的良好的教師，又要是研究的優秀學者，也要是對香港乃至中國南部的經濟和社會發展有貢獻的好公民。三者合而為一，缺一不成。」[1]南昌大學作為江西省最重要的高等教育機構，在江西省無疑是一個高層次人才聚集的淵藪。我們的教師隊伍，同樣既要做教學的良師，又要做研究的優秀學者，同時也要做對江西省及周邊地區經濟和社會發展有貢獻的好公民。

　　在世界範圍內，所有優秀的公立大學都將公共服務作為重要的辦學宗旨，比如美國最好的公立大學——加州大學伯克利分校

1　孔憲鐸：《我的科大十年》，北京大學出版社 2004 年版，第 1 頁。

就明確提出辦學宗旨為「教學、研究和公共服務」[2]，注重在公共服務中樹立良好形象，加強大學與社會的全面聯繫，尤其注重為加州的經濟發展和社會進步服務。這部《贛文化通典》可以視為南昌大學的同仁為總結發掘江西古老而豐富的文化遺產所做的一點實績。在邵鴻教授的序文中，就贛學和贛文化情況進行了精彩的闡述，在此本人毋庸贅言。我想借此機會著重談兩方面的問題：一是談談南昌大學的歷史使命；二是就現代教育理念，談談學科建設與公共服務的關係。

有人說贛文化是中國文化隱性的核心和支柱，善隱厚重，堅韌質樸。當我們用歷史的眼光感受深沉的江西文化，不能不正視推動獨具特色的贛文化精神形成的一支重要力量，那就是在中國教育史和思想史上赫赫有名的江西書院。書院產生於唐代，源於私人治學的書齋與官府整理典籍的衙門[3]，後來成為藏書、教學與研究相結合的中國古代特有的高等教育機構和文化學術思想交流的中心。書院既是一個教育機構，又是一個學術研究機構，中國歷代文人在書院這一相對獨立自由的環境裡，碰撞智慧，傳承思想，同時完成了古代中國文化教育和人才培養的歷史使命。江西自古重教崇文，素有「文章節義之邦」的美譽，這在某種程度上得益於江西曾有中國古代最為發達的書院文化。自宋代至明代，江西能夠成為中國的一個文化重地，與書院講學之風大興不

2　http://www.berkeley.edu/about/〔EB/OL〕.

3　鄧洪波：《中國書院史》，東方出版中心 2004 年版，第 49 頁。

無關係。江西書院「肇於唐，盛於宋」，跨越千年。從唐代「開元盛世」開始，江西就有了中國歷史上最早的書院之一，此後江西書院代有增置，據考證，有學者認為江西古代書院足有千餘所之多，鼎盛時期求學人數達數千人。清代學者李漁曾在《興魯書院記》中說：「江西名書院甲於天下」，聞名全國的書院就有白鹿洞、豫章、濂溪、白鷺洲、象山、鵝湖、懷玉、東湖書院等，不勝枚舉。江西書院數量之多，規模之大，教育品質之高，社會影響之大，在我國古代書院一千多年的歷史中獨領風騷。從教育者的眼光來看，眾多的江西書院中值得一提的是位於江西廬山五老峰南麓、被譽為「天下書院之首」的白鹿洞書院。南宋理學家朱熹重修白鹿洞書院，自兼洞主之後，為書院建立了嚴格的規章制度。朱熹以理學教育家的觀點，在總結前人辦學所訂規制的基礎上，制訂了《白鹿洞書院揭示》，即「父子有親，君臣有義，夫婦有別，長幼有序，朋友有信……博學之、審問之、慎思之、明辨之、篤行之……」提出了書院教育的指導思想、目標、教育內容、教育方法等，是中國古代書院學規的典範，隨即為江西和全國各地眾多書院所借鑑或採用，是中國教育史上最早的教育規章制度之一，並被後代學者認為是中國古代書院制度化、規範化的重要標誌。以書院學規為總的教育方針，朱熹在白鹿洞書院開展了多種形式的教學活動，包括「升堂講學」、「互相切磋」、「質疑問難」、「展禮」等，書院師生於相互問難辯詰之中，優遊山石林泉之間，促進學術，傳承文化。

　　歲月流逝，一百多年以前，近代中國在探索強國振興的道路上選擇了完全移植西方的大學制度。在晚清學制改革的大潮中，

為了急於擺脫「無裨實用」的傳統教育制度，清政府採取了取消書院，以便集中人力財力，發展新教育的「興學至速之法」，不無遺憾地拋棄了中國傳統的書院文化。幸而跨入新世紀的今天，書院文化又一次進入中國學人的研究視野，並日益受到各方重視。正如清華大學老校長梅貽琦先生所言：「今日中國之大學教育，溯其源流，實自西洋移植而來，顧制度為一事，而精神又為一事。就制度言，中國教育史中固不見有形式相似之組織，就精神言，則文明人類之經驗大致相同，而事有可通者。」[4]在完善現代意義上的中國大學制度方面，傳統的學院精神應有其獨特的位置和作用。

南昌鍾靈毓秀，是贛鄱文明重要的發源地。兩千多年以來，南昌一直都是贛文化的中心，來自江西各地的才子們匯聚南昌，走向全國，成就了兩宋以來光輝燦爛的江西文化。身處其中，南昌大學應該繼承江西書院文化的優良傳統，自覺肩負起傳承、繁榮、發揚贛文化的歷史使命。

如果說歷史悠久、博大厚重的傳統書院文化為南昌大學的發展進步提供了豐富的精神食糧，那麼，立足二十一世紀的南昌大學還必須擁有以現代教育理念改造自身、積聚力量，並為中國現代化進程貢獻片瓦，為社會進步提供智識支援和人才支持的決心和勇氣。

南昌大學是一個學科齊全的綜合性大學，對於這類大學，著

---

4 梅貽琦：《大學一解》，《清華學報》第 13 卷第 1 期，1941 年 4 月。

名的教育家克拉克·科爾（Clark.kerr）定義為「多功能大學」（multi-versity），與先前人們熟知的單一功能大學（Uni-versity）相區別。這類大學的功能有三項：首先，大學生產知識，培養有創造性的人才，提供專業和基礎訓練，從事社會服務是其基本職責。其次，大學還與知識消費相關：包括創造通識教育機會，創造和維持一個充滿活力和興趣的校園。提供社會關愛，如醫療、諮詢和指導。第三，與公民教育相關，促進社會進步和公正是教育的責任[5]。在一個全省人口總數達四千四百餘萬的區域裡，作為江西省唯一的一所江西省人民政府和教育部共建的國家「211工程」重點建設大學，南昌大學有責任，也有能力為全省及周邊區域提供優良的高等教育資源，使有志青年得到富有競爭力和創造力的教育，從而成為國家建設的有用人才。

學科建設是高等學校的一項基礎性、全域性、戰略性的系統工程，是學校建設的核心內容。創建綜合性大學，必須正確處理學科建設中「基礎學科」與「應用學科」的關係，立足於培養高素質的複合型人才的需要，合理選擇和規劃學科的發展。科學發展和協調發展是南昌大學在培養人才方面的優勢，我們一方面要使學生學好專業知識，還要發揮綜合性大學門類齊全、學科交叉的優勢，通過文理工醫等多學科的整合教育、通識教育，充實學生的文化底蘊，提高學生的綜合素養，將專業教育與學生的人格

5　轉引自馬萬華《從伯克利和北大清華》，教育科學出版社 2004 年版，第 16 頁。

塑造、個性培養、世界觀、價值觀的完善結合起來，體現知識、能力與人格間的和諧統一，促進學生的全面發展。

作為一所輻射全省的地方性高等院校，南昌大學還應該積極利用地方資源進行學科建設，打造富有地方特色的優勢學科，從而更好地為區域經濟發展和文化建設服務。從當前高等教育發展的潮流看，大學為地方服務已成為共識與發展趨勢。「現在需要用一種新的觀點來看待高等教育，這種觀點要求把大學教育的普遍性與更多適切的必要性結合起來，以對社會對其功能發揮的期望作出回應，這一觀點不僅強調學術自由和學校自治的原則，而且同時強調了高等教育必須對社會負起責任。」[6]以科學發展的眼光來看，大學不僅是進行知識傳授和科學研究的中心，更是參與社會變革乃至於引導社會進步的重要因素。地方性院校只有更加關注地方的現實發展，以提供公共服務的姿態積極參與地方區域建設，才能更好地實現自身價值，謀得更為廣闊的發展空間。

「所謂大學者，非謂有大樓之謂也，有大師之謂也。」借此機會，我祝願未來的南昌大學大師雲集、學術豐厚；希望昌大人不僅勤於個人「檢束身心，砥礪品性」，且懷一顆拳拳報國之心，以自己的專業所長，服務社會，造福人民。謹為序。

---

6 聯合國教科文組織：《國際發展戰略（1991）》。

體例
說明

　　本卷根據風景名勝的內涵特質將江西風景名勝分為山岳型風
景、宗教文化名山、水域風景名勝、名城古鎮古村和其他風景名
勝五大類，並按照五大類分別進行闡述。其中，山岳型風景名
勝、宗教文化名山、水域風景名勝按照地理環境（包括地理位
置、氣候、山體特徵、動植物資源、風物特產等）、歷史文化
（包括名稱由來，政治、經濟、人文歷史等）、風景名勝（包括
歷史上保存至今的和歷史上存在但現在已經消失的，一般不包括
1949 年以後興建的）等內容進行編寫；名城古鎮古村按照歷史
沿革、歷史文化和主要風景名勝等內容進行編寫；其他風景名勝
則從地理區位，歷史沿革，主要歷史遺跡等幾個方面進行編寫。

　　本卷力求真實全面地反映江西自然景觀和歷史文化。編者在
編撰的過程中，全面綜閱了前人研究成果，並在此基礎上再次深
入細緻地查閱正史、政書、地方誌、文集、族譜等古籍，並根據
需要，作者對部分不甚熟悉的風景名勝資源進行了實地考察，在
獲得第一手史料的基礎上，進行考證和論證，形成自己的觀點，
力爭全面科學系統地反映江西風景名勝的歷史文化內涵。

　　本卷為閱讀方便起見，對於引用的歷史文獻均採用頁註腳的

方式予以標示；為了全面反映閱讀借鑑過的資料，部分章節還列
出了參考資料，以示尊重他人和前人的勞動成果。

目錄

第三章|宗教文化名山

第六章｜其他風景名勝

風景名勝通論

第一節 ▶ 風景名勝溯源

一、風景名勝的概念

（一）風景

　　南北朝之前，「景」「風」二字單獨成詞，都有風光、景色之義。「景」本意指日光，《說文解字》云：「景，光也。從日，京聲。」由於生產和生活的原因，中國古代社會普遍存在著太陽崇拜，所以，凡涉及太陽以及與太陽相關的事物逐漸為人所接受，符合人們心目中的審美標準。我們知道，只有在有光線的條件下人們才能分辨事物的形狀，美好的景色也只能在明亮的日光下才能呈現，所以「景」自然可以引申出「景象」、「景色」、「景致」等意義。[1]如南朝宋人鮑照《舞鶴賦》：「昏夜歇，景物澄

1　李敬國：《「景觀」構詞方式分析》，《甘肅廣播電視大學學報》，2001年第 2 期。

廓。」劉義慶《世說新語·容止》:「秋月氣佳景清。」文中皆用「景」的引申義。今天看來,「景」的常用義不是「日光」,而是「景色」、「景象」等意義。「風」,《說文解字》云:「八風也。東方曰明庶風,東南曰清明風,南方曰景風,西南曰涼風,西方曰閶闔風,西北曰不周風,北方曰廣莫風,東北曰融風。」段玉裁注云:「凡無而致者皆曰風。」早期的漢語文獻中,「風」多用來指自然界的空氣流動現象,少有代指抽象的意義。先秦典籍中,儘管在「風」的核心義基礎上產生的各種聯想義、比喻義得到了較多的應用,但指稱自然現象的用法大致仍處於主流的位置。[2]如:

「蘀兮蘀兮,風其吹女。」(《詩經·蘀兮》)

「風行天上,小畜。君子以懿文德。」(《周易·小畜》)

「寒暑不時則疾,風雨不節則饑。」(《禮記·樂記》)

「風行而著於土,故曰其在異國乎。」(《左傳·莊公二十二年》)

「天子省風以作樂。」(《左傳·昭公二十一年》)

「故聞伯夷之風者,頑夫廉,懦夫有立志。」(《孟子·萬章下》)

---

2 化振紅:《試論<高僧傳>中的「風」及其詞族》,《西南民族學院學報·哲學社會科學版》,1999 年第 2 期。

事實上，「風」的字形在卜辭中時常加上「雨」頭，反映出當時人們對風與雨密切相關的這一自然現象的認識。在先秦文獻中，「風」也多和「雨」結合使用：

　　　「庶民惟星，星有好風，星有好雨。日月之行，則有冬有夏；月之從星，則以風雨。」（《周書·洪範》）

　　　「八卦相盪，鼓之以雷霆，潤之以風雨。」（《周易·繫辭上》）。

　　這裡「風」、「雨」都象徵著美好的自然事物，從而引申出了「景色」、「景致」之義。

　　「風」、「景」二字的首次結合出現在《世說新語·言語》：「過江諸人，每至美日輒相邀新亭，藉卉飲宴。周侯中坐而歎曰：『風景不殊，正自有山河之異！』皆相視流淚。」，[3]此句中，「風景」理解為風光、景色之義乃毋庸置疑，此後，「風景」一詞不斷出現於文人的筆墨之下：

　　　「正是江南好風景，落花時節又逢君。」（唐·杜甫《江南逢李龜年》）

　　　「儼驂騑於上路，訪風景於崇阿。」（唐·王勃《滕王

3　馬永立、談俊忠：《風景名勝區管理學》，北京：中國旅遊出版社，2003 年 7 月第一版。

閣序》）

　　「天矸神剜不記年，洞中風景異塵寰。」（宋・朱晞顏
《伏波岩》）

　　由此可見，「風景」一詞的最早使用應不晚於南北朝時代，
主要是以文學的形式出現於文人的筆墨之下，其本意即指「風
光」、「景色」、「景致」等，用現代的觀點可以解釋為令人產生
「視覺美學意義上」的事物。[4]從「風景」的本義來看，它更多的
是作為獨立於人的客體而存在，人僅僅是風景的欣賞者。但是在
中國古代文人的心目中，「風景」不單是客觀存在的自然事物，
它還融入了欣賞者的情感、情趣甚至是理想，其不僅表現出了景
物的自然美，還符合當時欣賞者內心情感世界的一種意境，這從
《世說新語・言語》中可窺見一斑：「過江諸人，每至美日輒相
邀新亭，藉卉飲宴。周侯中坐而歎曰：『風景不殊，正自有山河
之異！』皆相視流淚。」該典故即成語「新亭對泣」的由來，反
映的是東晉時南渡之人痛心國難而無可奈何的心情。

　　其實，「風景」的情感內涵，不僅僅以文字的形式出現在古
代文學作品中，它也以畫面的形式體現在中國山水畫中。以山川
自然景觀為主要描寫對象的中國山水畫，形成於魏晉南北朝時
期。「魏晉南北朝是一個繪畫藝術走向自覺的時代，突出的表現

4　俞孔堅：《論景觀概念及其研究的發展》，《北京林業大學學報》，1987
　　年第 4 期。

就是繪畫已逐漸擺脫功利性、裝飾性而追求獨立審美價值。」當時，山水畫成就最高者，當屬南朝宋宗炳和王微。宗炳愛山水，好遠遊，「凡所遊履，皆圖之於室」。他在《畫山水序》裡提出了著名的「暢神」理論，認為山水畫的創作就是為了調諧人與自然的關係，開拓人的精神境界。[5]王微則在他的《敘畫》中提出了「望秋雲，神飛揚；臨春風，思浩蕩」的「怡情之說」。由此可見，在我國古代，不論是文學藝術，還是繪畫藝術，「風景」都不是一個簡單的自然事物的集合，它反映了人們對人與自然之間關係的認識，它是指「一種能夠使人產生美感、情趣、意境的欣賞對象。」[6]是自然對情感的反映，對人文的關照，對理想的承載。

現代社會，「風景」成為了景觀學研究的重要內容，人們對其理解已不再局限在繪畫或者文學領域，儘管其本義還是指大自然的風光景色，但是學者們開始從建築學、地理學、園林學、園藝學等不同的領域來理解和闡述其概念了。

較早全面論述風景的，有俞孔堅的《論景觀概念及其研究的發展》一文。他在文章第一部分「景觀的原意——『風景』及其研究」對風景評論研究進行了介紹。文章並沒有直接給出風景的概念，但是我們可以通過其介紹西方風景美學研究四大學派，即

5　張豈之：《中國歷史十五講》，北京：北京大學出版社，2003 年 1 月第一版。

6　馬永立、談俊忠：《風景名勝區管理學》，北京：中國旅遊出版社，2003 年 7 月第一版。

專家學派、心理物理學派、認知學派（又稱心理學派）和經驗學派（又稱現象學派）的風景評價研究來瞭解西方學者對於「風景」概念的理解。

專家學派從客觀出發，認為風景的價值在於其形態美或生態學意義，主張從風景的「基本元素（線、形、色、質）」進行分析，風景是作為獨立於人的客體而存在，人只是風景的欣賞者。經驗學派則從主觀出發，認為風景的價值在於對人（個體或群體）的歷史、背景的反映，主張把風景作為人或者團體的一部分，整體把握，強調人（個體或群體）對風景的作用。心理物理學派和認知學派則介於兩者之間，它們兼顧著主客體雙方的作用，其中心理物理學派認為風景的價值是主客觀雙方共同的作用下產生的，把人的普遍審美標準作為風景價值衡量標準，主張從風景成分（植被、山體等）分析風景。認知學派認為風景價值在於其對人的生存、進化的意義，主張從人的生存、需要出發來解釋風景，主張用維量（複雜性、神秘性等）把握風景。

在馬永立、談俊忠合著的《風景名勝區管理學》一書中，列舉的「風景」概念有二十八種之多，筆者試著將它們總結歸納，概括如下：

1.獨立說[7]

即風景獨立於欣賞者之外存在。儘管書中列舉的二十八個概

7　或稱為客觀存在説，筆者考慮到與第二點「互動説」對應，故稱獨立　　説。

念中，沒有一個是完全從獨立（或者說客觀存在）的角度出發，但是其內容卻真實地反映出了這一點。如：

「風景，狹義地說，即大自然的風光景色。」

「風景，是一定地域內由山水、花草、樹木、建築物以及雨雪等某些自然現象形成可供人觀賞的景象。」

這兩個概念都是從自然景物的角度進行闡述，但是同時透露著另一個資訊，即它們都是作為觀賞者的觀賞對象而存在，儘管有時候它們不一定有觀賞者，但是它們確實存在著。

2. 互動說

即風景是自然界與人類社會雙向作用的結果。如：

「風景，是觀賞者眼中的景象，是人們頭腦中的觀念，是以空間存在的一系列可見的物質實體。」

「風景，是地理景觀的一部分。是人類情感深入自然的產物，能夠引起人們審美感受的大自然的一角，它不單純是自然景物，而是滿足人們審美、求知等欲望和社會生活需要的人格化產物。」

此類觀點，在二十八種概念中佔據多數，儘管在表述方式和強調重點上各不一致，但是它們無一例外地在告訴我們：人既是風景的欣賞者，又是風景的創造者。影響風景的不僅有風景的地理環境，還有風景的心理環境和思想環境，在這三種環境中，地理環境對風景的影響力是最小的。

3. 藝術說

其實，藝術說在一定程度上就是互動說，很顯然，離開了人的因素，藝術便無從談起。但是，由於這類概念特別強調風景的

藝術性，從而區別於自然界的其它事物，故而將它們獨立出來，歸為此類。藝術說的概念有：

「風景，是一種有別於其他事物的特殊地域現象，是一種特定的空間環境，是一種特殊的藝術形式。」

「風景，它是由自然的山水、花木、變幻的天氣和人文建築、文物古跡以及民族風俗等，在空間上組成的藝術綜合體。」

4. 邊際說

「風景，就是人和環境之邊際存在的美，其本質是一種人與環境之間的邊際文化資訊。」風景既非環境（客體），亦非人（主體）；風景只存在於人與環境的關係之中，那些沒有被人發現的地方，是談不上風景的，即使有些地方已被人們所熟知，但人們並不認為是「風景資源」，因而也談不上什麼風景。風景是人和環境之間的仲介物，這種仲介物就是主客體之間的資訊，是一種邊際文化資訊。邊際說其實也應該隸屬於互動說，但是由於此概念引入「邊際文化資訊」一說，風景成為傳遞環境與人之間資訊的仲介物而使其從互動說中獨立出來。

5. 空間環境說

即強調「風景」不在於實體本身，而在是由這些自然實體所構成的空間環境。

「風景，是社會的人所組織創造出來的主要表現自然美的空間環境。」

「風景，是一種宏觀的山水藝術精品，是指以億萬年形成的自然景觀為主構成的，能引起人們美感的空間環境。」

「風景，是指那些能使人產生美感和舒適感的自然環境和各

種物象的地域組合。」

綜上所述，無論是四大學派說還是五類概念說，儘管因思想、方法的不同而導致對風景的不同理解，但是各自的理解卻是互相補充，而不是互相對立的。

據此，筆者認為：風景是凡能體現出美學特點，抑或符合人類正常審美需求的自然界與非自然的一切元素以及由該元素構成的空間環境。風景既可以是獨立於欣賞者之外的自然景觀，也可以經由欣賞者意念創造或者行為創造的自然或非自然事物，只要它們符合美學的特徵或者符合欣賞者的正常審美需求，就可以稱之為風景。因此，五嶽名山是人們心目中的風景，地球上未被人類發現的美麗自然也是風景；自然山水是風景，人造園林、特色城市建築也是風景；一山一水一樹一花是風景，由天地山水草木花鳥構成的空間環境，同樣是風景。

（二）風景名勝

現實中風景幾乎到處都有，但是能成為名勝的卻不多。名勝，在我國辭書中釋為「有古跡或優美風景的著名的地方」。由此可見，並非所有的自然或者人文景物都能成為名勝。只有那種「以獨特的自然景觀和悠久的歷史文物古跡取勝的風景」，才具備成為風景名勝的資格，它們「薈萃了自然之美和人文之勝，是壯麗山河的精華，」[8]風景名勝的形成與發展，反映了人們對人

---

8 馬永立、談俊忠：《風景名勝區管理學》，北京：中國旅遊出版社，2003 年 7 月第一版。

與自然關係認識的不斷加深。[9]在歷史的長河中，它們得到人們
得普遍認同，並具有一定甚至很高的知名度，是國家乃至世界遺
留下來的最珍貴的自然與文化遺產。風景後面加了名勝，就給了
它一個歷史感，一切不具備、不反映過去社會歷史文化面貌的人
文風景就一定不是風景名勝，這可以從政府以及學者們對風景名
勝區的定義窺見一斑：

《風景名勝區管理暫行條例》（1985 年）：凡具有觀賞、文
化或科學價值，自然景物、人文景物比較集中，環境優美，具有
一定規模和範圍，可供人們遊覽、休息或進行科學、文化活動的
地區，應當劃為風景名勝區。

《風景名勝區管理暫行條例實施辦法》（1985 年）：風景名
勝資源是具有觀賞、文化或科學價值的山河、湖海、地貌、森
林、動植物、化石、特殊地質、天文氣象等自然景物和文物古
跡、革命紀念地、歷史遺址、園林、建築、工程設施等人文景物
和它們所處環境以及風土人情等[10]。

「風景名勝，顧名思義，就是要以獨特的自然景色和悠
久的歷史文物古跡取勝，而不是以人工雕琢招徠遊人。它不
同於城市公園，更不是遊樂中心。」（秦仲方《風景名勝研

9 俞孔堅：《論景觀概念及其研究的發展》，《北京林業大學學報》，1987
年第 4 期。

10 江西省建設廳城市規劃處：《江西省風景園林行業重要文件彙編》，
2000 年 12 月。

究序》）

「我國的風景名勝區大多是具有典型代表美的自然景觀，保存著良好的生態壞境，有著珍貴的歷史文化遺跡、民族文化風情，從生態、美學、歷史、文學、藝術以及遊覽觀賞各方面來說都有很高的價值。（朱暢中《風景名勝的建設》）

「風景環境就是具有美感特徵的自然景觀和人文景觀所構成的綜合空間形態。」（齊康《風景環境組織與保護》）

「風景名勝是指具有觀賞、歷史文化和科學價值的自然和文化資源及所處的環境。風景名勝區就是資源集中，自然環境優美，具有一定的規模和條件，供人們遊覽、休息和進行科學文化活動的場所。」（王秉洛《中國風景名勝中歷史文化資源》）

「凡是自然風景資源和歷史文物資源都很豐富，兩者又交互參差，交相輝映的遊覽環境，交通方便，自然資源與人文資源不相上下的地區，可稱為風景名勝區。」（孫筱祥《中國風景名勝資源的保護與規劃》）

「中國風景名勝區概括地說，就是以富有美感的典型的自然景觀為基礎，滲透著人文景觀美的，環境優良的主要滿足人們精神文化需要的多功能的地域空間綜合體。」（謝凝高《山水審美——人與自然的交響曲》）[11]

11　上述各種風景名勝區概念轉引自周公寧：《試論我國風景名勝區的定義及類型劃分》，《中國園林》，1993 年第 3 期。

綜上所述，風景名勝的構成要具備以下幾個要素：

一是具有獨特的自然景觀和優美的自然環境。如廬山之秀、井岡山之翠；三清山之奇特、三百山之幽靜；武功山之雄偉多瀑、龍虎山之丹山碧水；龍宮洞開闊似東海深宮，義龍洞幽長似長龍化身；鄱湖浩瀚、仙女浪漫，各具特色，彼此爭絕。

二是具有悠久深厚的歷史文化。歷史文化組成的人文景觀，是歷代先人在江西活動的見證，是傳統文化的高度濃縮，是現場教育的生動化石，如體現傳統儒家教育活動的白鹿洞書院、鵝湖書院；依然是宗教勝地的東林寺、天師府；展現中國革命史的井岡山、瑞金等。

因此，筆者認為風景名勝應該為具有觀賞、文化或科學價值的自然景物或者人文景物，並可供人們遊覽、休息或進行科學、文化活動。

二、風景名勝的類型

陳有民在《論中國的風景類型》一文中，把中國的風景按照「突出的鮮明特徵」劃分為三十個類型，分別是：火山風景；冰雪、冰川風景；高山風景；中山風景；低山風景；丘陵風景；熔岩風景（喀斯特）；沙漠及綠洲風景；草原風景；湖泊風景；峽谷與溪谷風景；海岸風景；小島與礁嶼風景；針葉林風景；闊葉林及針闊混交林風景；闊葉常綠林風景；古樹名木風景；奇峰怪岩類風景；瀑布風景；泉、汽風景；雲泉；日、月、星辰；動物風景；古跡洞窟類風景；建築古跡；古陵墓風景；革命紀念物及

名人故居；特殊休養療養地；其它類[12]。

而馬永立和談俊忠則根據風景的成因把其分為三大類，分別是純自然景，指基本上未經人工雕飾，而由自然因素形成的風景，如未開發的原始森林、大峽谷等；人工景，指人文創造的風景，如建築、工事等；自然人工結合景，指在原有自然地貌、地物基礎上，略加人工修飾而成的風景，如承德避暑山莊、杭州西湖等[13]。

截至二〇〇六年底，國務院審定公佈了六批共一八六處國家重點風景名勝區，同時，它們都無一例外地被批准為國家 4A 或者 5A 級旅遊景區。可以說，所有重點風景名勝區內的風景名勝都已成為旅遊資源，所以，本書將借鑑對旅遊資源進行分類的方法來對風景名勝進行分類。已經實施的國家標準《旅遊資源分類、調查與評價》（GB/T18972-2003）採用的分類標準是目前全國最權威、最通用、使用也最為廣泛的分類體系，它根據旅遊資源的現存狀況、形態、特性、特徵來劃分。它將全部旅遊資源劃分為八個大主類、三十一個亞類、一五五個基本類型。

參照國家標準裡對旅遊資源的分類體系，我們把風景劃分為自然風景與人文風景兩大類，然後對該兩類進行細分六大類，其中前四類屬於自然風景，後兩類屬於人文名勝。詳見表 1.1。

12 陳有民：《論中國的風景類型》，《北京林學院學報》，1982 年第 2 期。

13 馬永立、談俊忠：《風景名勝區管理學》，北京：中國旅遊出版社，2003 年 7 月第一版。

表 1.1　風景名勝分類表

主類	亞類	基本類型
A 地文風景	AA 綜合自然風景	AAA 山丘型風景 AAB 谷底型風景 AAC 沙礫石風景 AAD 灘地型風景 AAE 奇異自然風景 AAF 自然標誌風景 AAG 垂直自然風景
	AB 沉積與構造	ABA 斷層風景 ABB 褶曲風景 ABC 節理風景 ABD 地層剖面風景 ABE 鈣華與泉華風景 ABF 礦點礦脈與礦石積聚地風景 ABG 生物化石風景
	AC 地質地貌過程形跡	ACA 凸峰風景 ACB 獨峰風景 ACC 峰叢風景 ACD 石（土）林風景 ACE 奇特與象形山石風景 ACF 岩壁與岩縫風景 ACG 峽谷段落風景 ACH 溝壑地風景 ACI 丹霞風景 ACJ 雅丹風景 ACK 堆石洞風景 ACL 岩石洞與岩穴風景 ACM 沙丘地風景 CAN 岸灘風景
	AD 自然變動遺跡	ADA 重力堆積體 ADB 泥石流堆積風景 ADC 地震遺跡 ADD 陷落地 ADE 火山與熔岩 ADF 冰川堆積體 ADG 冰川侵蝕遺跡
B 水域風光	AE 島礁	AEA 島區 AEB 岩礁
	BA 河段	BAA 觀光遊憩河段 BAB 暗河河段 BAC 古河道段落
	BB 天然湖泊與池沼	BBA 觀光遊憩湖區 BBB 沼澤與濕地 BBC 譚池
	BC 瀑布	BCA 懸瀑 BCB 跌水
	BD 泉	BDA 冷泉 BDB 地熱與溫泉
	BE 河口與海面	BEA 觀光遊憩海域 BEB 湧潮現象 BEC 擊浪現象
	BF 冰雪地	BFA 冰川觀光地 BFB 常年積雪地

續上表

主類	亞類	基本類型
C 生物景觀	CA 樹木	CAA 林地 CAB 叢樹 CAC 獨樹
	CB 草原與草地	CBA 草地 CBB 疏林草地
	CC 花卉地	CCA 草場花卉地 CCB 林間花卉地
	CD 野生動物棲息地	CDA 水生動物棲息地 CDB 陸地動物棲息地 CDC 鳥類棲息地 CDD 蝶類棲息地
D 天象與氣候景觀	DA 光現象	DAA 日月星辰 DAB 光環現象 DAC 海市蜃樓
	DB 天氣與氣候現象	DBA 雨霧 DBB 避暑氣候 DBC 避寒氣候 DBD 極端與特殊氣候 DBE 物候現象
E 遺址遺跡	EA 史前人類活動場所	EAA 人類活動遺址 EAB 文化層 EAC 文化散落地 EAD 原始聚落
	EB 社會經濟文化活動遺址遺跡	EBA 歷史事件發生地 EBB 軍事遺址與古戰場 EBC 廢棄寺廟 EBD 廢棄生產地 EBE 交通遺址 EBF 廢城與聚落遺址 EBG 長城遺址 EBH 烽燧
F 建築與設施	FA 綜合人文旅遊地	FAA 宗教與祭祀活動場所 FAB 園林遊憩區域
	FB 景觀建築與附屬型建築	FBA 佛塔 FBB 塔形建築物 FBC 樓閣 FBD 石窟 FBE 長城段落 FBF 城（堡） FBG 摩崖字畫 FBH 碑碣（林） FBI 建築小品
	FC 居住地與社區	FCA 傳統與鄉土建築 FCB 特色街巷 FCC 名人故居與歷史紀念建築 FCD 書院 FCE 會館 FCF 特色店鋪 FCG 特色市場
	FD 歸葬地	FDA 陵區園林 FDB 墓（群） FDC 懸棺
	FE 交通建築	FEA 橋 FEB 車站 FEC 港口渡口與碼頭 FED 棧道
	FF 水工建築	FFA 水庫觀光游憩區段 FGB 水井 FGC 運河與管道段落 FGD 堤壩段落 FGE 灌區 FGF 提水設施

三、「八景」文化

(一)「八景」溯源

　　「八景」是中國特有的文化現象，它大量地出現在中國古代典籍尤其是方志中，此外也會以藝文、詩文或者圖的形式出現在家譜中。[14]在中國除了「八景」外，還有「十景」、「十六景」、「二十四景」、甚至「七十二景」等說法，例如祝穆在《方輿勝覽》中記載的「西湖十景」[15]可謂是家喻戶曉，久負盛名。儘管如此，「八景」還是成為此類文化中使用最廣、最為有代表性的名詞了。之所以如此，和古人對「八」的理解密不可分。

　　將相關事物按八分類或以八總稱的現象在我國非常普遍，如《左傳・文公十八年》中將傳說中的八個才德之士稱為「八元」，道教古代傳說中虛構「八仙」，中國古代對樂器統稱「八音」，此外文學上有「唐宋八大家」、季節上有八節、空間上有八方、地理上有八極、飲食上有八珍……不一而足，舉不勝舉。可見，八既代表了豐富和全面，同時也多用於歸納性事物的代表性列舉，那麼將各地特色景觀代表歸納為「八景」就不足為奇了。

　　「八景」一詞最初是個道教概念，道經《上清金真玉光八景

---

14 參見張廷銀：《傳統家譜中的「八景」文化意義》，《廣州大學學報》，2004 年第 4 期。

15 （南宋）祝穆在《方輿勝覽》中記載的「西湖十景」為「斷橋殘雪」、「平湖秋月」、「三潭映月」、「雙峰插雲」、「曲院風荷」、「蘇堤春曉」、「花港觀魚」、「柳濤聞鶯」、「南屏晚鐘」、「雷峰夕照」。

飛經》云：

> 「立春之日，⋯⋯元景行道受仙之日也；⋯⋯春分之
> 日，⋯⋯始景行道受仙之日也；⋯⋯立夏之日，⋯⋯玄景行
> 道受仙之日也；⋯⋯夏至之日，⋯⋯虛（靈）景行道受仙之
> 日也；⋯⋯立秋之日，⋯⋯真景行道受仙之日也；⋯⋯秋分
> 之日，⋯⋯明景行道受仙之日也；⋯⋯立冬之日，⋯⋯洞景
> 行道受仙之日也；⋯⋯冬至之日，⋯⋯清景行道受仙之日
> 也。」[16]

可見，道教理論不僅認為立春、春分、立夏、夏至、立秋、
秋分、立冬、冬至是一年中八個最佳行道受仙時間裡的氣色景
象，而且還確定了與之對應的八景：元景、始景、玄景、靈景、
真景、明景、洞景、清景。

對於「八景」起源於道教一說毫無異議，但是「八景」究竟
何時成為世俗的勝景代稱卻有著不同說法。一種說法認為南朝時
沈約所做的《八詠詩》是「八景」的雛形；[17]還一種認為蘇東坡
所做《虔州八境圖八首並序》才是「八景」的鼻祖。[18]但是大多

16 《正統道藏》第 1042 冊，民國15年上海涵芬樓影印本，轉引自張廷
銀：《傳統家譜中的「八景」文化意義》，《廣州大學學報》，2004 年第
4 期。

17 朱靖宇：《「八景」的源流》，《北京觀察》，1994 年第 8 期。

18 李森：《贛州「八景」》，《中國地名》，2000 年第 3 期。

數學者都認為「八景」起源於北宋宋迪的「瀟湘八景」圖，因為
有了「瀟湘八景」圖，「這個歷千年而不衰的『八景』現象便產
生了。」[19]民國三十二年重版的《辭海》，臺灣省中國文化學院
和中國文化研究院出版的《中文大辭典》和《辭源》一九七九年
修訂稿，均有「八景」詞條，這三本辭書對「八景」的說法大同
小異，都引自宋沈括《夢溪筆談》或趙吉士《寄園寄所寄錄》的
說法。如《辭源》修訂稿「八景」條：「宋沈括《夢溪筆談》十
七《書畫》『度支員外郎宋迪工畫，尤善為平遠山水，其得意者
有平沙雁落、遠浦帆歸、山市晴嵐、江天暮雪、洞庭秋月、瀟湘
夜雨、煙寺晚鐘、漁村落照，謂之八景。』」後來名勝處多分八
景。

　　瀟湘八景的出現代表著封建時代中國文人們嚮往寧靜的、閒
適的、牧歌式的理想生活圖景，它出現之後誘發了積澱在人們理
想中的關於人與自然關係的親情，因而引起了天下文人們的普遍
嚮往。此後各地八景如雨後春筍般，霎時間遍佈九州。在千秋永
在的自然山水中，他們發現並陶醉於這個美的世界。文人雅士們
眼中的山水，不僅成了審美的對象，也成了托生死、寄精神的場
所。八景又是這千山萬水的有機濃縮，是高度的藝術概括，它溶
鑄了文人們的人生理想和審美理想，因而喚起了普遍的心靈嚮
往。這種嚮往之情，隨著時間的推延，愈來愈烈。中華之大，八
景之多，從北京往南，著名的八景有「燕京八景」、「太原八

19 謝柳青：《閒話「八景」》，《文史雜誌》，1989 年第 2 期。

景」、「關中八景」、「洛陽八景」、「瀟湘八景」、「羊城八景」等等，不可勝數。以江西省為例則有「臨川八景」、「虔州八景」、「廬陵八景」、「宜春八景」、「豫章十景」、「九江八景」等。八景的內容也從瀟湘八景的「雨霞煙鐘、風荷雪月」發展到從日月星辰、風雨雷電、山川河流、花草樹木到佛寺道觀、名人遺跡、農耕漁樵、民居桑田等等，凡一族所居某地的風景名勝、歷史文化以及當時的生產與生活，都是八景可以反映的物件。八景雖然不一定囊括了當地的全部景觀，但八景卻完全可以成為當地景觀的代名詞。使人們聽到八景的名字就聯想到某一地的景觀及其特徵。

儘管「八景」的出現最早出現于宋代，但其產生的社會文化背景卻更加的源遠流長。首先，「八景」的出現與我國崇尚自然山水的文化傳統密不可分。中國古代文人早在先秦時期就開始帶有強烈的感情和道德色彩去欣賞和理解自然山水，比如孔子的「山水比德」便是代表，後來魏晉時的隱逸山林和旅遊觀念的興起，隋唐山水詩歌的興盛都反映出「自然山水不只是觀賞、遊覽的物質空間，而且還隱含著人的精神、道德、情操，從而成為人們寄託情感和理想的精神空間」。[20]其次，「八景」的出現與文人文化的積累分不開。在優美壯觀的自然環境的感召之下，歷代都流傳下來了不少歌詠地方山水、人文的千古名篇，恰如李白所言

---

20 趙夏：《我國的「八景」傳統及其文化意義》，《隨想雜談》，2006 年第 12 期。

「名山發佳興」，而同時「佳興」又往往促成「佳作」，「佳作」又可反過來助長「佳興」。早在隋唐五代，就有不少表現地方風光的系列詩作名篇，如王維的《輞川集》、李白的《姑蘇十詠》、劉長卿的《龍門八詠》、劉禹錫的《海陽十詠》《金陵五題》，以及柳宗元的《永州八記》等。到了宋代，此類歌詠地方景致的作品更是成倍增長，再加上文人繪畫的流行，山水詩畫逐漸成為文人士大大表現日常生活和思想觀念的一種平常手法，宋迪「瀟湘八景」組畫一經出現，便以其高超的繪畫藝術和意境表達贏得了士人的厚愛，為後世所崇奉。以致於到了宋代，「八景」作為一種文化現象正式成形並對後世的自然山水觀產生了深遠影響。

（二）江西的「八景」現象

江西自古就有「物華天寶，人傑地靈」之美譽，至宋代以後，江西各地就不斷湧現出「八景」，據筆者不完全統計，江西的「八景」達三十五處、景名二八〇個之多，分佈於全省各處。現把江西各地「八景」列成表 1.2。

表 1.2　江西各地古代「八景」一覽

地市	所轄縣區（含市區）	「八景」名稱
南昌市	南昌市	西山積翠、南浦飛雲、徐堤煙柳、滕閣秋風、鐵柱仙蹤、洪崖丹井、章江曉渡，龍沙夕照

續上表

地市	所轄縣區（含市區）	「八景」名稱
九江市	九江市	匡盧疊翠、琵琶送客、塔影鎖江，甘棠煙水、浪井濤聲、庾樓明月、栗里蒼松、濂溪古樹。
	德安縣	（一）蒲塘落雁、陽居仙跡、義峰聳翠、金帶河流、南莊耕叟、釣台漁唱、涴塘曉鐘、烏石清泉。
		（二）岷嶂聳翠、鉢盂拱秀、漁山梵響、文筆插漢、石洞藏雲、觀音岩龕、龍潭古泉、晴岩夕照。
	瑞昌市	（一）龍泉時澍、仙井聯珠、楹龍夾霧、蘇亭墨竹、丫髻盤雲、蒼鬱清流、雲擁仙橋、洞天留寫。
		（二）名人遠眺、獅子嘯天、沿山洞府、玉液流泉、七星伴月、八仙下棋、飛鳳出洞、門開洞天。
		（三）柳溪鷟洞、梅谷花奇、禪嶺仙洞、萊洞靈跡、金盆湧日、卓山晚霞、龍泉漱玉、仙姑松濤。
	湖口縣	淵明故址、大嶺之亭、花尖秀色、雙鐘月色、彭蠡濤聲、虹橋仙跡、沙洲漁唱、勞渡舟橫。
	彭澤縣	書岩擁翠、玉洞仙遊、梵閣流霞、柳洲凝霧、雙峰霽色、孤柱濤聲、雲湖漁唱、仁磯釣月。

續上表

地市	所轄縣區 （含市區）	「八景」名稱
景德鎮	樂平縣	（一）南城柳立、水沼荷香、西塔夕陽、市橋春水、雙溪夜月、山路晴嵐、青峰腳園、金龜背穩。
		（二）象山雨霽、陽府雪晴、十里春風、雙溪夜月、金灘漁唱、銀鷗樵歌、古寺鐘聲、長塘塔影。
鷹潭市	餘江縣	孔廟槐陰、柳祠檜色、玉真墨蹟、果老丹池、山后玉聲、市心塔影、錦江漁舫、犁湧商帆。
上饒市	餘干縣	（一）冠冕山橫、琵琶春漲、龍池夜月、羊角秋風、越溪漁唱、昌谷僧鐘、宸翰梅岩、仙人茶社。
		（二）洲浮雲霧、亭瞰風波、羊角山橫、牛頭浪蹴、茶庵疏馨、洪福晨鐘、小港漁舟、下風野岸。
		（三）山頭雲樹、湖口煙波、香爐墩峙、插旗洲橫、槐社將軍、碑傳學士、府前鼓吹、廟升風帆。
		（四）官塘精舍、白石清泉、回跋腴疇、雲橫馬跡、水繞螺墩、黃麋古木、雪樵北寨、雨牧東培。
		（五）黃埠金印、萬春山色、秧畈漁歌、祠堂竹韻、桑潭魚躍、湖光晚眺、雨寺鐘聲、石塔間雲。
		（六）截雲溪、鎖翠橋、送目峰、古龍井、洗缽地、掛衲松、通幽徑、稱心軒。

續上表

地市	所轄縣區（含市區）	「八景」名稱
宜春市	宜春市	春台曉日、化成晚鐘、袁山聳翠、釣台煙雨、盧洲印月、南池湧珠、雲谷飛瀑、仰山積雪。
	萬載縣	湯周雪霽、柴蓋浮雲、坤山夕照、鵝峰聳翠、石筍凌空、筆架回瀾、龍河笑渡、小嶺樵歌。
	高安縣	（一）荷山象石、仁濟掠濤、華林靈跡、白鶴仙蹤、集仙古柏、飛躍文峰、來蘇古渡、花塢貞泉。
		（二）鳳山飛羽、錦水翔虹、大愚晚唄、小洞秋英、龍潭化甫、仙洞雲迷、葫蘆仙井、靈岫神光。
	上高縣	鏡山夕照、寶蓋朝嵐、末山雁字、天嶺慈光、蒙嶺晴雲、鸝洲靈跡、雲樓眺遠、章水觀魚。
	宜豐縣	（一）九峰雪霽、醉石雲迷、濯衣春漲、洗墨清流、柳齊棋局、夜合靈跡、瑞芝仙跡、黃檗飛泉。
		（二）星橋夜市、月灣春漲、白澤荷花，古木空煙、桂嶺秋風、臨洲暮雪、石門長嘯、翰苑憑高。
贛州市	贛州府市	三台鼎峙、二水環流、玉岩夜月、寶蓋朝雲、儲潭曉鐘、天竺晴嵐、馬崖蟬影、雁塔文峰。

續上表

地市	所轄縣區（含市區）	「八景」名稱
贛州市	贛縣	驛譙更鼓、梵剎晨鐘、雞寨飛騰、龍門一躍、筆山聳峻、帶水拖環、東嶺耕雲、西江釣月。
	南康縣	秀峰雲筆、南山挹翠、寶馬騰雲、蒼龍躍浪、東渡觀瀾、呂仙丹井，蘇步名坊、旭嶺節台。
	崇義縣	旗峰挺秀、帶水紆青、大龍卷雨、伏虎飲川、觀音顯跡、白雲釀泉、魚石屯雲、文塔聳天。
	尋烏縣	鎮山高閣、江東曉鐘、文筆秀峰、西巘雲屯、龍岩仙跡、桂嶺天高、石傘標英、鈴山振鐸。
	上猶縣	（一）東山曉鐘、南溪晚渡、西嶺樵歌、北歌漁唱、梅山丹灶、李相名亭、天馬呈麗、奎石環奇。
		（二）城樓山色、妙樂鐘聲、書峰呈秀、舉嶺獻奇、龍塔琴音、蕉潭魚唱、浮湖夜月、仙岩古松。
吉安市	吉安市	青原晴瀑、白鷺文瀾、金牛泉香、神風帆影、螺峰霞照、南塔龍雲、東城眺錦、華嶺溪聲。
撫州市	樂安縣	鼇浦春濤、象山秋色、寶塔朝嵐、印池夕照、蓉嶺寒流、梅潭夜雪、石屋奇峰、金華仙跡。
	臨川區	東城早春、西園秋暮、江岸水燈、金堤風柳、客船晚煙、戍樓殘霞、市橋月色、蓮塘雨聲。

如上所列，江西「八景」具有如下特點：

第一、從地域上看，江西八景分佈廣泛，但主要又集中分佈在鄱陽湖和境內主要河流流域，數量上從北至南呈遞減的特點。江西「八景」分佈東起上饒、西至宜春、北起九江、南至贛州，按照今天的行政區劃來看，除了新餘和萍鄉兩地，其餘各地市均有「八景」分佈。具體上，江西「八景」呈四個環狀或帶狀群體：其一為以鄱陽湖為中心的環鄱陽湖「八景」群，分別包括鄱陽湖西北部即九江地區的八處「八景」、鄱陽湖東部即景德鎮地區的兩處「八景」、鄱陽湖東南部即上饒地區西部的六處「八景」和鷹潭的一處「八景」以及鄱陽湖南部即南昌地區的一處「八景」，共十八處占總數的百分之五十一點四；其二為宜春地區中部錦江流域的帶狀群，共六處占總數的百分之十七點一；其三為贛州、吉安地區贛江流域的帶狀群（尋烏八景未列其中），共八處占總數的百分之二十二點九，其四為撫州地區撫河流域的帶狀群，共兩處占總數的百分之五點七。這些河流、湖泊既是古代江西的重要水路，同時，在這些流域也分佈著眾多的經濟、文化發達城市，此外，江西名山勝跡也多分佈在這些流域附近，例如鄱陽湖旁的廬山、信江流域的龍虎山、贛江流域大庾嶺均是風景優美、人文薈萃之地。正是文化繁盛、經濟發達、交通便利、風光優美、人文薈萃等諸多因素最終使得江西「八景」的分佈呈現出該特點。

第二、從內容上看，江西「八景」可分為自然、人文兩類。

一是自然景觀，既包括山川河流、溪池潭瀑、洞穴泉井、芳草花樹等自然物質資源，如西山積翠、南浦飛雲、徐堤煙柳（南

昌八景），匡廬疊翠、甘棠煙水、粟里蒼松、廉溪古樹、浪井濤聲（九江八景）、仙井連珠、蘇亭墨竹、梅谷花奇、玉液流泉（瑞昌八景），青原晴瀑（吉安八景），彭蠡濤聲（湖口八景），琵琶春漲（餘干八景）、二水環流（贛州八景）、龍潭古泉（德安八景）、葫蘆仙井（高安八景）；也包括日月星辰、風雨煙雲等變化莫測的自然氣象景觀以及春夏秋冬及晨夕光影的更替變幻，如九峰雪霽、醉石雲迷（宜豐八景），象山雨霽、西塔夕陽、雙溪夜月、山路晴嵐、十里春風（樂平八景），東嶺耕雲、西江釣月（贛縣八景），螺峰霞照（吉安八景）、晴岩夕照（德安八景）、柳州凝霧（彭澤八景）、錦水祥虹（高安八景）、夢嶺晴雲（上高八景）、桂嶺秋風（宜豐八景），充分地展現了大地景觀的豐富多樣及美妙佳境。

二是人文勝跡，既包括儒、道、佛及地方信仰的建築遺跡及其它宗教內容，如塔影鎖江（九江八景）、孔廟槐陰、柳祠檜色（餘江八景）、雲樓眺遠（上高八景）、文塔聳天（崇義八景）、龍塔琴音（上猶八景）、南塔龍雲（吉安八景）、寶塔朝嵐（樂安八景）、漁山梵響、觀音岩龕（德安八景）、古寺鐘聲（樂平八景）、昌谷僧鐘、官塘精舍（餘干八景）、梵剎晨鐘（贛縣八景）、觀音顯跡（崇義八景）；也包括與地方相關的著名歷史人物和事件以及深化傳說，如琵琶送客（九江八景）、陽居仙跡（德安八景一）、八仙下棋（瑞昌八景二）、金井泉香（盧陵八景）等。還有富有地方情韻的日常生活景觀，如南莊耕叟、釣台漁唱（德安八景）、沙洲漁唱（湖口八景）、雲湖漁唱（彭澤八景）、金灘漁唱、銀鷗樵歌（樂平八景二）、錦江漁舫、犁湧商帆（餘

江八景）、雪樵北寨、雨牧東培（餘干八景四）、秋畈漁歌（餘干八景五）、小嶺樵歌（萬載八景）。

以上二個方面既是八景構成的主要內容，也是八景的文化精神，集中起來可以歸納為二點：一是對大自然美妙風光的熱愛和對地方人文勝跡及美好生活的彰顯；二是表現出景致、詩情、畫意、人文之間的息息相通。

第二節 ▶ 江西地脈與自然風景

地脈指區域自然地理環境在時間上傳承及空間上分佈的系統，其代表了區域自然地理環境最為顯著的特徵。自然地理環境是大自然賦予的，並內在地呈現出顯著的在時間上的傳承性及空間上的分佈特徵。

江西位處於中國江南丘陵地帶，是一個以山地丘陵為主的省區。省境東、南、西三面邊陲山丘環抱，層巒疊嶂；中南部丘陵起伏，盆地相間；北部平原坦蕩，河湖交織；整個地勢南高北低，周高中低，從南向北由周邊朝中間緩緩傾斜，天然構成一個以鄱陽湖平原為底部的向北敞口的大盆地。以此相聯繫，三大地貌單元及各類地貌形態也大體呈不規則的環狀結構形式展布：即以鄱陽湖為核心，向外推進依次是鄱陽湖平原 —— 贛中南丘陵 —— 邊緣山地；山地、丘陵和盆地多呈北東向（或北北東向）相間排列；穿流山丘間的河川呈輻合狀匯注鄱陽湖，並紐帶般把孤立的盆地以及其它各類地貌連串為一整體，此乃江西山川之大勢，全省地貌格局的基本特徵。

一、影響地貌發育的自然因素

地貌是地球表面各種起伏形體的總稱,是內力與外力相互作用的產物。一般地說,宏觀地貌的形成,主要取決於區域地質構造、岩石抗蝕力差異等因素;而氣候條件、植被特徵等則是疊加在內力過程之上的外力因素,影響著地貌的發育。江西的山川大勢、現代地貌基本輪廓與地貌形態是內外營力相互作用的結果,此外地質構造運動起著加大地貌高低起伏,奠定地貌基本輪廓作用;而氣候、植被則直接或間接影響地貌,產生侵蝕與堆積,不斷夷平地面或者減緩地勢起伏。正是在漫長而複雜的地貌過程中,在諸多內外因素的制約與影響下,最終形成演化出了江西現代地貌。

(一)區域地質構造

區域地質構造是控制宏觀地貌發育的主要因素。江西地跨揚子陸塊和南華褶皺帶兩大地質構造單元,境內主要有北東東向、北東向、北北東向與北西向等斷裂和斷裂帶。這些斷裂或斷裂帶相互交切、彼此干擾,相互遷就和利用,把地表分割成條、塊不一的各種構造單元,並以此影響與控制地貌發育,使地貌單元和地質構造單元趨於吻合。

(二)岩性

組成地殼的岩石是地貌發育的物質基礎。它對地貌發育的影

響，主要是通過其抗蝕能力的差異和岩層產狀[21]、結構面性質[22]等起作用的。不同岩性的抗蝕力，加上不同的岩層產狀、結構（如火成岩[23]的節理[24]與裂隙、變質岩[25]的片理[26]、沉積岩[27]的產狀及其軟硬相間的不同結構等），可產生不同的地貌過程和地貌

---

21 岩層產狀：岩層在空間產出的狀態和方位的總稱。除水平岩層成水平狀態產出外，一切傾斜岩層的產狀均以其走向、傾向和傾角表示，稱為岩層產狀三要素。

22 結構面：具有一定形態而且普遍存在的地質構造跡象的平面或曲面。不同的結構面，其力學性質不同、規模大小不一。

23 火成岩：火成岩由地幔或地殼的岩石經熔融或部分熔融的物質如岩漿冷卻固結形成的。

24 節理：斷裂構造的一類，指岩石裂開而裂面兩側無明顯相對位移者（與有明顯位移的斷層相對）。節理是很常見的一種構造地質現象，就是我們在岩石露頭上所見的裂縫，或稱岩石的裂縫。這是由於岩石受力而出現的裂隙，但裂開面的兩側沒有發生明顯的（眼睛能看清楚的）位移，地質學上將這類裂縫稱為節理，在岩石露頭上，到處都能見到節理。

25 變質岩：是在高溫高壓和礦物質的混合作用下由一種石頭自然變質成的另一種石頭。質變可能是重結晶、紋理改變或顏色改變。

26 片理構造：是板狀礦物、片狀礦物和柱狀礦物在定向壓力作用下，發生平行排列而形成的構造。與之相對應的是層理構造——沉積岩在沉積過程中，由於氣候、季節等週期性變化，必然引起搬運介質如水的流向、水量的大小等變化，從而使搬運物質的數量、成分、顆粒大小、有機質成分的多少等也發生變化，甚至出現一定時間的沉積間斷，這樣就會使沉澱物在垂直方向由於成分、顏色、結構的不同，而形成層狀構造，總稱為層理構造。前者屬於變質岩構造，後者屬於沉積岩構造。

27 沉積岩：是在地殼表層的條件下，由母岩的風化產物、火山物質、有機物質等沉積岩的原始物質成分，經搬運、沉積及其沉積後作用而形成的一類岩石。

形態。例如贛南地區的花崗岩山地，通過花崗球狀風化和流水作用等地貌過程，往往產生石蛋或崩崗地貌[28]；興國、南康赤土等地的斜傾狀砂葉岩互層，成梳狀地貌；贛州、餘都、新建和進賢等地的紫色葉岩或網紋紅土，經流水的線狀和面狀侵蝕，往往呈現溝壑縱橫，地表裸露的劣地景觀；宜春柏化與坑西、餘都梓山、分宜彬江、寧都青蓮山、萍鄉石觀泉、九江獅子洞、彭澤龍宮洞、樂平洪源洞等地的灰岩，經喀斯特作用，發育了千姿百態的地表與地下喀斯特地貌；贛州通天岩，龍南的小武當山、寧都翠微峰、南豐的戈廉石、南城的麻姑山、弋陽的圭峰、鷹潭的龍虎山、餘江的岩前等地的近水準狀紅色砂礫岩，經流水作用、重力崩塌以及溶蝕等綜合作用，形成奇峰突起、造型獨特的丹霞地貌。一些花崗岩或變質岩構成的山體，經流水侵蝕和風化作用，則形成鋸狀、垣狀、饅頭狀等不同形態的山脊；一些抗蝕力弱的岩層，常常形成微波起伏的渾圓低丘，而抗蝕力強的岩層則每成岫峰突起的山嶺。

（三）外營力

影響地貌發育的外營力較多，其中氣候因素是外動力系統中

---

28 「崩崗」通常指發育在紅土丘陵地區的沖溝溝頭部分經不斷地崩塌和陷蝕作用而形成的一種圍椅狀侵蝕地貌，它的命名具有發生學和形態學方面的雙重意義，「崩」是指以崩塌作用為主要侵蝕方式，「崗」則指經常發生這種類型侵蝕的原始地貌類型。崩崗侵蝕作為一種嚴重的水土流失類型，在我國南方地區，特別是風化殼深厚的花崗岩低山丘陵區分佈十分普遍。

的主導營力。它通過溫度和降水直接控制岩石的物理和化學風化過程，並影響流水侵蝕、風化碎屑物的搬運和堆積狀況。如構成贛南山地的花崗岩，經風化和爆發的山洪搬運，移動後的沉石在山麓地帶形成飽水扇狀的石蛋地貌；各河中上游區的一些風化物質搬運至下游河床或湖盆，則沉積形成河灘、心灘、邊灘或衝擊平原（如贛撫平原）等；鄱陽、都昌、進賢、新建等地的紅土崗地，經流水侵蝕，往往形成密集的侵蝕溝道網，水土嚴重流失，劣地屢見不鮮。這些均是氣候地貌發育直接影響的具體表現。

（四）氣候

氣候通過植被、土壤、水文、微生物活動等間接影響地貌發育。江西省植被繁茂，森林覆蓋率較高，從而制約和影響岩石屋裡化學風化過程，對地表起著保護作用，遏制流水的侵蝕作用，使外營力的強度大大削弱，減緩了水土流失等地貌過程；如在鄱陽湖湖濱窪地，常因植物的生存和消亡而致沼澤化，經微生物活動分解產生泥炭與淤泥，進而形成湖灘及湖沼平原。

此外，溫度、降水等外力作用及其塑造的地貌，往往也都表現有一定地帶性特徵。在同一氣候區內，地貌過程及其形態組合，具有相似的地帶性特點；氣候一旦發生變化，往往導致形成地貌主導營力變化，地貌過程和形態組合也將隨之而異。江西省所處地理緯度較低，氣候溫和、雨量充沛，屬中亞熱帶季風性氣候區，地貌過程具有濕熱區的一般特徵，影響地貌形成的外營力以經常性流水和化學風化占主導地位，故紅土風化殼有一定發育，流水地貌形態處處可見，遍佈全省各地；一些灰岩分佈區

（如彭澤龍宮洞、宜春拓塘、修水四都、高安雞公嶺等地）的喀斯特作用及其所產生的地貌形態（包括地表與地下喀斯特地貌），也反映了亞熱帶氣候條件下特有的地貌過程和形態組合特點，並以喀斯特丘陵為地表突出形態標誌，有別於熱帶或溫帶的喀斯特。

二、江西古地貌的形成

江西地跨揚子陸塊和南華褶皺帶兩大構造單元，受地質構造的控制，區內古地貌具有長時期、多階段的演化特徵。邊緣山地丘陵及其它地貌的發育，基於元古代[29]基底褶皺和古生代[30]的蓋層褶皺之上，受控於歷次構造運動，並隨著地史演化過程而發育形成。燕山運動[31]開始發育地貌格架的雛形，喜山運動奠定了全

---

29 地質年代的第 2 個代，約開始於 24 億年前，結束於 5.7 億年前。第 1 個代是太古代，最古的地質時代，一般指距今 46 億年前地球形成到 25 億年前原核生物（包括細菌和藍藻）普遍出現這段地質時期。

30 地質年代的第 3 個代，約開始於 5.7 億年前，結束於 2.3 億年前。古生代共有 6 個紀，一般分為早、晚古生代。早古生代包括寒武紀（5.4 億年前）、奧陶紀（5 億年前）和志留紀（4.35 億年前），晚古生代包括泥盆紀（4.05 億年前）、石炭紀（3.55 億年前）和二疊紀（2.95 億年前）。

31 近 1 億多年以來，地殼運動在我國進行得特別強烈，最顯著的有兩個時期。第一個時期是從一億三四千萬年前開始，到 7000 萬年左右告一段落。這時候在我國許多地區，地殼因為受到強有力的擠壓，褶皺隆起，成為綿亙的山脈，北京附近的燕山，就是典型的代表。科學家把出現在這個時期的強烈的地殼運動，總的叫做燕山運動。今天我國地勢起伏的大體輪廓，就是在燕山運動中初步奠定的。再一個時期是

省地貌的基本輪廓。

在早古生代志留紀之前，贛中南區仍呈現一片海區地貌景觀，今武功山所在地，當時只是伸入「贛湘島海」中的一座半島；贛北區在中元古代經晉寧運動褶皺廻返，步入了陸塊發展時期，並伴隨形成規模巨大的複式九嶺花崗岩體，構成贛北區時代最古老、地勢最高峻的古地貌九嶺——高臺山山地。印支運動[32]結束了江西境內海侵的歷史，開始了以陸地為背景的地史演化時期。這時，全省在太平洋板塊、歐亞板塊、華北板塊和華南板塊的共通作用下，一些古地貌不斷抬升剝蝕，造就了一系列北東向的山脈，並先後形成一些鑲嵌在古山地丘陵間的斷陷盆地。

中生代燕山造山運動早期，在構造活動的強烈作用下，一些古老山地進一步抬升，並解體形成起伏較大的九嶺、懷玉山、武夷山等邊緣山地以及其間的一些河谷平原；一些印支期形成的北東向盆地，受斷裂的改造與制約，逐漸造就呈北北東向山間盆

近 3000 萬年以來，我國又成為地球上一個地殼運動強烈的地帶，高大的喜馬拉雅山從海底崛起。不止是喜馬拉雅山，我國許多地方都表現出地殼的活動增強了，特別是西部地區，隆起上升的現象很顯著，許多在燕山運動中已經形成的山岳再次被抬升，這種變動直到今天還沒有完全停止下來。

32 印支運動為三疊紀中期至侏羅紀早期的地殼運動。印支運動對中國古地理環境的發展影響很大，它改變了三疊紀中期以前「南海北陸」的局面。包括川西、甘肅和青海南部等地的「雪山海槽」全部褶皺升起；海水退至新疆南部、西藏和滇西一帶；長江中下游和華南地區大部分已由淺海轉為陸地。從此中國南北陸地連為一體，全國大部分地區處於陸地環境。

地；鄱陽、宜豐、新余、弋陽、吉安、贛州、寧都、瑞金等一些斷陷盆地，堆積了巨厚的紅色陸相碎屑岩沉積建造，並伴有岩漿侵入和噴發活動。至燕山運動晚期，一些早期形成的盆地，範圍不斷擴大，位置也由東向西移；鄱陽盆地因受湖口──贛江、豐城──餘干、萍鄉──上饒等斷裂活動影響，其範圍進一步擴至包括鄱陽湖、清江、撫州、餘江在內的廣大區內，並奠定了鄱陽湖區四周山地丘陵的盆狀地貌輪廓。喜山期的斷塊式差異垂直升降運動使燕山期隆起的山地再度上升，而山前和山間低窪地再次相對沉降，從而造成該區地勢起伏高低對比較為強烈。例如，馳名中外的廬山是在燕山期整個地盤上升的基礎上，受喜山運動期斷裂的控制，快速抬升形成斷塊山；而廬山週邊地區卻再度下降，鄱陽湖斷陷盆地進一步發展。

三、新構造運動對古地貌的再塑造

　　第三紀末期以來的新構造運動是一種以繼承性的斷裂斷塊差異升降為主要表現形式的構造運動。這一運動加速了江西現代地貌的發育過程，並對地震活動與溫泉分佈有重要影響。

　　在新構造運動的影響下，自新第三紀晚期以來，省內大部分地區長期處於抬升狀態，地面營力以侵蝕──剝蝕為主。贛中南與贛東北區以大面積整體緩慢抬升為主，地貌起伏反差小，第四紀沉積物厚度不大，多為二十至三十米；贛西與贛西北山地，山體強烈抬升，河流深切，切割深度可達五〇〇至七〇〇米；贛北地區斷塊差異升降活動較為明顯（尤以廬山地區更為突出）。由於斷塊差異性升降活動，廬山斷塊上升，鄱陽湖盆地則斷陷下

降，從而形成現今山地與平湖緊相挨隨，地勢高低起伏對比強烈的地貌景觀，並循活動斷裂帶伴有溫泉出露（如星子溫泉）。

新第三紀晚期至第四紀早更新世，新構造運動表現較為強烈，燕山期形成的斷裂均有程度不同的復活，斷塊活動強度與間歇性抬升幅度均較大。例如贛南區的贛縣礫石層組成的第三級階地，被抬高到四〇至五〇米（局部達到 70 米）；贛西北武寧一帶的階地抬升至八〇米；鄱陽湖盆週邊區再度緩慢上升，並不斷被侵蝕夷平，形成海拔八〇至九〇米的崗原面；沿湖口──清江大斷裂和宜豐──景德鎮斷裂帶分別發育了古贛江與古昌江，並匯入鄱陽湖斷陷，經星子──湖口「峽谷」注入長江；在今贛江的清江大橋至進賢一帶，發育了古贛江沖積平原，並於古贛江下游的榮塘、前坊等地，局部形成湖沼地貌景觀；在武夷山西麓，斷塊山繼續上升，斷陷盆地不斷下降，形成以山高谷深為特徵的現代地貌。

中更新世時期，新構造運動進入相對穩定階段，省內廣大地區的地貌過程以剝蝕──夷平為主，地貌從陡峭漸變為平緩，造就了起伏和緩的丘陵、崗地與谷地。在贛中、贛北區，受高溫多雨的影響，發育了厚層的紅土風化殼；一些河谷區早更新世堆積物遭破壞，形成基座階地或河谷沖積平原；在古贛江下游區，差異性沉降和流水沉積的疊加，發育了埋藏階地或洪積扇。此外，古鄱陽湖盆地進入向心狀水系發育全盛時期，除早已形成的古贛江與古昌江進一步發育外，古撫河、古信江、古樂安省、古錦江、古修水等河流也相繼發育，逐步發展為完整的鄱陽湖水系，並造就了廣闊的古鄱陽湖衝擊洪泛平原。

晚更新世以來，新構造運動又趨於活躍。贛南區以大面積緩慢上升為主，贛北區較為穩定，但鄱陽湖地區仍繼續下降。全新世，贛南處於穩定中略有緩慢上升；贛北則大面積持續下降。自全新世末期至今，全省其它地區均趨於穩定。

境內盆地眾多，成因各異，但多與新構造運動有密切的關係。如贛南的留車、孔田、龍迴、安息、龍源壩、鳳仙圩，贛北的葛源、上清、周坊、山口、新泉等地的侵蝕盆地，多發育在新構造運動處於較穩定的地段，或在整體緩慢間歇性上升的地區，經流水沿軟弱岩層和構造裂隙侵蝕切割形成的；贛南的石城——會昌——尋烏，贛西北的安義、武寧、修水的三都與渣律等繼承性盆地，發育形成於燕山期，受新構造運動斷裂繼承性的影響，這些盆地至今仍在斷續發展之中。

新構造運動也影響著江西的地震活動和溫泉區域分佈。從地震的區域性來看，歷史上的強震或現今的弱震，絕大多數發生於斷裂與斷塊差異活動較強的新構造區（諸如贛西北斷塊差異上升區、贛南斷塊差異上升區、南武夷斷塊掀斜隆升區等）；且歷史上的地震集中分佈於石城——尋烏、九江——靖安兩個活動斷裂帶上，條帶性分佈明顯。另據統計，全省已知有溫泉近百處，主要分佈於幕阜山、九嶺山、九連山等新構造活動帶，且出露地點多沿斷裂帶分佈，或在斷裂帶端點，或幾組斷裂複合交匯的中心部位。如宜春溫湯及其附近溫泉群，出露於北北東向與北北西向斷裂交合部；修水黃沙湯橋溫泉，出露於北北東向斷裂的端點；星子隘口溫泉，處於北北東向與近東西向斷裂複合交匯部位等。

經過漫長的地質構造運動，最終形成了今天的江西地貌——

即江西省境邊陲的東、南、西三面群山環繞；北部有鄱陽湖及其低平的濱湖平原；中南部雩山縱裂，丘陵起伏，盆地紛雜其間。全省地勢南高北低，邊高中低，由南向北，從外朝內徐徐傾斜，構成一個不規則環狀地貌──朝北敞口的巨大盆地。以此同時，江西境內還形成了豐富多彩的自然景觀。

四、江西自然風景

大體上，可以把江西自然風景分為名山峻嶺、奇岩幽境、名泉飛瀑、天然溶洞、湖光川景、古樹奇卉、珍禽異獸、氣象景觀等八大類。

（一）名山峻嶺

江西自古多名山，其中以廬山最為著名，素有「匡廬奇秀甲天下」之譽。廬山位於江西西北部，是幕阜山脈東段的延伸部分，幾千萬年前的地殼運動使廬山斷裂抬升，成為地壘式斷塊山，四周斷崖遍佈、峽谷幽深、谷底寬廣、外陡裡平，幾百萬年前的冰川運動，又讓廬山形成了今日的東、西二穀的「U」型谷地，並留有大量冰川遺跡；位於贛東北懷玉山脈中段的三清山為省內又一名山，距今二三萬年前的新構造運動使得三清山大幅抬升，並伴隨水力侵蝕作用的強烈下切，使地勢高低懸殊，頻繁而劇烈的造山運動使三清山斷層密佈，節理發育，尤其是垂向的斷層和節理特別發育。山體不斷抬升，長期風化侵蝕，加上重力崩解作用，形成了峰插雲天、谷陷深淵的奇特地貌；武夷山，介於江西的廣豐、上饒、鉛山、貴溪、資溪、黎川、南豐、廣昌、石

城、瑞金、會昌、尋烏與福建的浦城、崇安、光澤、邵武、建寧、寧化、長汀、上杭等縣市之間。山體呈北北東向沿贛閩省界蜿蜒，東北延展接浙贛間的仙霞嶺，西南伸至贛粵邊界的九連山。氣勢可謂「北引皖浙，東鎮八閩，南附五嶺之背，西控贛域半壁」。南北縱貫，為江西最長的山地。據史傳，唐堯時有彭祖二子曰武曰夷，到該山東麓的崇安西南鄉隱居，因當地洪水常氾濫成災，彭武與彭夷兩兄弟便開山鑿石，挖河渠疏導洪水。當時人們為了紀念他們，就把他倆開挖河道時堆疊的小土石山稱為「武夷山」。後來，雄峙贛閩邊界的大山也統稱為武夷山。大庾嶺，南嶺中的「五嶺」之一，因嶺中多梅花，亦稱梅嶺，介於江西的大余、信豐、崇義、全南和廣東的仁化、南雄等地之間；位於羅霄山脈的井岡山和武功山，群山競秀、林海無邊，崖險穀深、峰奇石異，尤其是井岡山，除了擁有秀美的自然風光，還是中國革命的搖籃，在海內外享有盛譽。此外，位於南昌市灣里區的梅嶺、婺源的大鄣山、安遠三百山、南豐軍風山，都是江西境內著名的旅遊名山。

（二）奇岩幽境

江西不僅多峻嶺，而且多丘陵，江西丘陵一般海拔三〇〇至六〇〇米。山雖不高，卻多數林木幽深、奇岩萬狀，成為旅遊勝境。其中最為著名的首推鷹潭龍虎山，龍虎山有九十九峰、二十四岩、一〇八個景點，峰、岩都由紅色砂礫岩構成，以赤壁丹崖為特色，赤城層層，雲霞片片，蔚為壯觀；弋陽圭峰，又名龜峰，最早是與鄱陽湖連成一體的內陸湖，燕山運動促其抬升，經

長期風雨剝蝕，以及地表、地下水侵蝕溶解，造就了今日的龜峰奇景；還有南城麻姑山、寧都翠微峰、贛州通天岩，都因風景獨特而成為旅遊勝地。

（三）名泉飛瀑

　　江西山地眾多，氣候濕潤，又因山體斷裂地帶多，水流深度切割帶也較多，所以在江西各地分佈著大量的瀑布景觀。廬山、井岡山、三百山、梅嶺、武功山、三清山是江西瀑布主要分佈區域，其中又以廬山瀑布最為著名。廬山是一地壘式斷塊山，山體周邊斷裂抬升易於形成瀑布，現全山之名瀑布達二十二處之多，其中秀峰瀑布因李白題詠「飛流直下三千尺，疑是銀河落九天」而成為中國瀑布的文化形象代表，但廬山最壯觀的瀑布當屬三疊泉瀑布。三疊泉瀑布位於五老峰北側峽谷中，它匯大月山、五老峰諸水，循著冰川琢成的三級「冰階」折疊而下，落差二四〇米，享有「廬山第一奇觀」之譽；井岡山則有龍潭瀑布、水口彩虹瀑布和金獅面白龍潭瀑布。龍潭有五潭十八瀑之說，以瀑布多，落差大，形態美麗而著稱。水口彩虹瀑布高九十六米，寬十餘米，每當晴天上午，陽光衍射在瀑布上，幻化出道道七色彩虹，隨著觀賞者位置的移動和陽光射入角度的變換而變幻。金獅面白龍潭瀑布俗稱「馬撒尿」，是一種奇特的間歇瀑，每隔幾秒就會噴出幾米高的白練，飛落崖下，極有規律，令人歎為觀止；景德鎮浮梁縣的南山瀑布，高五十餘米，枯水期寬約三十米，豐水期寬約八十米，是目前已知江西最寬瀑布，而婺源大鄣山的千丈瀑落差達二四〇米，則是目前已知江西最長瀑布。奉新的羅布

潭瀑布，在直線五〇〇米內，六潭六瀑，層層下跌，形態各異。
而武功山瀑布分佈密集，有數百處之多，號稱「千瀑之山」。此
外在崇義、大余、銅鼓、全南、寧都均有瀑布分佈，飄灑飛揚，
蔚為壯觀。

江西有許多自古聞名的山泉。唐代「茶神」陸羽評定天下名
泉有二十，其中就有「天下第一泉」廬山谷簾泉、第四泉上饒陸
羽泉、第六泉廬山招隱泉、第八泉梅嶺西山瀑布水、第十泉廬山
天池水。溫泉是江西省又一特有的旅遊資源，如贛北的廬山溫
泉，早在東晉時便有記載，全省現有溫泉九十六處，以贛南及贛
中南部地區分佈最多，大多具有旅遊開發價值。

（四）天然溶洞

全省丘陵、山地中形成了許多天然溶洞，較為著名的有：贛
北彭澤縣的龍宮洞、玉壺洞，九江縣的獅子洞、湧泉洞；贛東北
婺源縣的靈巖溶洞群、三清山麓的冰玉洞，景德鎮市郊的屏山聚
仙洞，萬年縣神農宮；贛西萍鄉市郊區的義龍洞，宜春市郊區的
三陽酌江溶洞，井岡山東北部的石燕洞；贛南寧都縣的太平洞、
黃鱔洞、出風洞等。這些天然溶洞洞中有洞，層洞相連，洞內鐘
乳石造型奇特、千奇百怪，多數洞中均有暗河、溪水貫通。

（五）湖光川景

江西北部的鄱陽湖是中國第一大淡水湖，與中國第一大
河——長江相連。沿江沿湖擁有許多奇特的旅遊名勝，使湖光川
景更具有吸引力。全省五大河流也有不少旅遊奇觀，如章、貢兩

江於贛州市北匯合成贛江，在贛州市八景台可觀三江風光。全省江河湖溪匯成網路，顯示出江南水鄉風光。南昌、九江、景德鎮等主要城市還有許多內湖，為繁華都市增光溢彩。

（六）古樹奇卉

江西植被覆蓋率高，其中不乏原始森林、古樹、奇樹和名花奇卉、珍稀植物。許多古木大樹早在古書中就有記載。廬山「三寶樹」在《廬山志》中記載為「晉僧曇詵手植」，東林寺的「六朝松」為「東晉慧遠手植」。蔥鬱高大的樟樹更是江西省的特有景觀，泰和縣被譽為「古樟之鄉」，現有五〇〇年古樟三十多處，三〇〇年古樟村村皆有。賞花植物以各種杜鵑最為著名，井岡山筆架山的大片野生杜鵑林帶，綿延十多里，二十多種野生杜鵑逢春怒放，被譽為「十里鵑廊」。廬山的野菊、金雞菊等，也是著名的旅遊觀賞花卉。廬山植物園是中國唯一的亞高山植物園，雲集著數千種珍奇植物。贛東北三清山的大片古松、奇松，為該山景觀特色之一。

（七）珍禽異獸

江西省自然條件優越，適宜於多種動物繁殖和棲息。鄱陽湖國家級候鳥保護區，擁有白鶴、白枕鶴、白頭鶴、灰鶴、黑鶴、白鸛、白鷺、天鵝、大鴇、鴛鴦、鵜鶘等多種珍惜鳥類，成為世界上最大的候鳥越冬棲息地之一。彭澤縣的野生梅花鹿、井岡山的黃腹角雉和獼猴、短尾猴等珍稀動物，多數具有觀賞價值。

（八）氣象景觀

全省氣候溫暖，四季分明，雨量充沛，光照充足，具有亞熱帶濕潤氣候的特色，加上複雜的地貌、高差懸殊的山地丘陵及氣候的垂直帶譜明顯，形成江西特有的山地氣象景觀。盧山、井岡山和南昌市郊的梅嶺等地已成為旅遊避暑勝地。一些山地還會出現罕見的氣象奇觀，如三清山的神光奇觀，盧山、井岡山、三清山等地的瀑布雲、雲海、日出等。

第三節 ▶ 江西文脈與歷史名勝

一、文脈的涵義

在旅遊區域規劃研究中，經常會使用到「文脈」一詞。文脈的涵義是什麼？它來源於何處？

「文脈」原意指文學作品中的「上下文」。在語言學中，該詞被稱作「語境」，就是使用語言的此情此景與前言後語。在漢語中，「文」有「文明、文化」等意，「脈」有「脈絡、血脈、氣脈」等意。[33]而據《中國百科大辭典》的釋義，「脈」包含四層意思：一指血管，引申為脈搏；其二引申指類似血管貫通的事物，如水脈、山脈、脈絡、紋絡等。有時指植物葉子、昆蟲翅膀

---

[33] 中國社會科學院語言研究所詞典編輯室編：《現代漢語詞典》（增補本），商務印書館，2002。

上絲狀組織，如葉脈。三指血統、宗派等的系統，如一脈相承。四指中醫學中的人體氣血運行通道。[34]但二者組合而成的「文脈」一詞，原非漢語的規範用法，以往的詞典一般未將其列為詞條，現在用的多了，才開始列入詞典，如《漢語大詞典》，就有「文脈」一詞。[35]在文學家看來，文脈是「文明進化之歷史血脈」，其以歷史、傳統的形式表現出來（「明道示法」），並通過教育、學習得以傳承（「傳道存法」）。文學家認為文脈的重要價值體現在文脈在文化演進中所扮演的角色上，他們認為「文化生象，是為變易；文化存脈，是為不易。」因此，文脈是「文明進化之指令資訊」，是文化演進的「基因」。

　　文脈一詞雖然來源於語言學，但是卻在其他的一些領域中得到了廣泛的使用，比如建築學、城市規劃學和旅遊學等領域。在不同的研究領域中，文脈一詞的概念和內涵都有不同程度的拓展和延伸。

　　目前公認的一種說法是，陳傳康在二十世紀九〇年代中期最早將文脈概念引入旅遊開發中。他認為，文脈是指旅遊點所在地域的地理背景，包括地質、地貌、氣候、土壤、水文等自然環境特徵，也包括當地的歷史、社會、經濟、文化等人文地理特徵，因而是一種綜合性的、地域性的自然地理基礎、歷史文化傳統和

---

34 中國大百科全書出版社：《中國百科大辭典》，北京：中國大百科全書出版社，1999。

35 雷國雄：《基於文脈、地脈的區域旅遊品牌形象管理研究》，武漢大學碩士學位論文，2005。

社會心理積澱的四維時空組合[36]。陳南江認為，文脈是一個地域（國家、城市、風景區）的地理背景，包括自然地理條件、文化氛圍和文化脈承，以及社會人文背景。[37]吳必虎則認為，任何旅遊目的地都具有其自身獨特的地方性，或稱地格（Placeality）。地格確定包括自然地理特徵、歷史文化特徵和現代民族民俗文化的研究。[38]明顯，吳必虎文中地格的含義與文脈的含義實質上是相同的，但「地格」一詞不像「文脈」那樣往往被人們將其與文化聯繫在一起。另外，范業正在其博士論文中將旅遊地的自然構成因素稱之為地脈（Physical Geography Context），而將社會人文因素稱之為文脈（Human Geography Context）。其劃分依據，則是旅遊地資源屬性及其周邊環境因素。[39]以上種種，都是當前旅遊學領域中不同學者對文脈一詞的不同理解，但究其根本，這些不同的概念其實質和內涵都是相同和相似的。

二、江西的文脈與歷史名勝

江西具有悠久的歷史，在這悠久的歷史長河中，江西人民創

---

36 陳傳康，李蕾蕾：《我國風景旅遊區和景點旅遊形象之策劃》，1996年第五屆全國區域旅遊開發學術研討會。

37 陳南江：《旅遊開發的主題和文脈》，《規劃師》，1998，第65-68頁。

38 吳必虎：《區域旅遊規劃原理》，北京：中國旅遊出版社，2001，第205-208頁。

39 轉引自張宏瑞：《文脈與歷史建築的旅遊開發研究 —— 以山東省為例》，山東師範大學碩士學位論文，2004。

造了光輝燦爛的文化，到了近代，江西又成了革命的搖籃。如何把握江西的文脈並且在此基礎上促進江西旅遊產業的可持續發展，已經成為一個不可回避的問題。筆者認為，江西的文脈可以從以下幾個方面來把握江西的文脈：一、儒家文化；二、宗教文化；三、農業、手工業和商業文化；四、紅色文化。

（一）儒家文化

江西的儒學教育可上溯到漢代，西漢設豫章郡，便有了江西最初的雛形。東漢以後的割據戰爭和政治傾軋使儒家經學的統治地位崩潰，而老莊的玄學思想流行，但是當時江州、豫章諸郡的儒學風尚仍然較濃。豫章郡的儒學傳授、學校教育，在顧邵、范宣、范寧等太守的重視下有所發展。此後，經過隋唐的發展，江西的儒學在兩宋時期達到了巔峰，此後的明代是江西儒學繁榮的又一時期，進入清代，江西的儒學發展漸漸走向衰退。江西儒學文化的發展主要通過名人輩出、理學興盛和書院繁榮等三個方面體現出來。

1. 名人輩出

鄱陽人陶侃是東晉時期重視事功而成效極著的佼佼者。他精心政事，不務清談，他反對玄學家的清談放蕩。柴桑人陶淵明少懷高尚，博學能文，有「猛志逸四海」的濟世之志，以「不為五斗米折腰」的高風亮節和開創「韻真辭樸」的田園詩歌而譽滿古今。

自唐宋而明清，不學為咎、不文為辱的風氣大盛，教育發達，書院盛行，進士及第者前後相繼，名宦學者輩出，光被四

野。自隋朝誕生科舉制以來，宜春人盧肇成為江西狀元第一人[40]。唐早期書法家鐘紹京、盛唐詩人劉睿虛、「一字師」鄭谷都是通過科考出仕，並在各自領域取得較高成就。兩宋時期，江西的思想文化發展到了一個鼎盛時期，宋代江西共有進士五四二人，其中宰相、副宰相級的顯宦計二十五人，著名的有王安石、歐陽修、文天祥、王欽若、晏殊、洪適洪遵洪邁兄弟、周必大、江萬里等，他們在當時都是決策朝政、左右時局的人物；這些政治家同時又是歷史上有名的文學家，王安石、歐陽修，他們和曾鞏一起成為唐宋文學八大家中的三家，晏殊是北宋前期詞壇的代表人物之一，鄱陽三洪洪適、洪遵、洪邁以文章名滿天下，文天祥是南宋後期傑出詩人。此外，朱熹和陸九淵是理學不同派別的集大成者，對後世影響深遠。元朝時期，儘管江西名人數量不如兩宋時期，但還是出現了「國之名儒」吳澄、史學名家馬端臨、揭傒斯等人。明清時期，江西經濟繁榮，造就了一大批知識份子，他們通過科考出仕，躋身於政治舞臺，形成了一個為數眾多的官宦地主階層。明清兩代江西進士四九八八名，占全國總數的百分之九點六五，其中明代宰輔中江西人有十八位，《明史》列傳中的江西籍人約四〇八人，進入清朝，江西中進士人數則大為退減，官宦集團中的代表人物也跟著退減，其中宰輔只有五位，《清史稿》列傳中的江西籍人只有一〇四人了。

---

40 唐武宗會昌三年（西元 843 年）考中。

2. 理學興盛

江西是理學思想傳播的發端地，又是理學興盛之地。北宋理學的奠基人周敦頤在江州（今江西九江）盧山蓮花峰下濂溪旁築濂溪書屋。他所開創的宋明理學，經過其學生程顥、程頤的繼承和完善，逐漸形成一套較完整的哲學思想體系。理學發展到南宋才最終形成完整的思想理論體系，婺源人朱熹是集大成者。他發展了程顥、程頤關於理與氣關係的學說，認為「理在先，氣在後」，強調「格物致知」，「正心誠意」，形成為完整的客觀唯心主義理學體系，世稱程朱學派。[41]在朱熹大力宣揚其客觀唯心主義的同時，以陸九淵為代表的主觀唯心主義也開始流行起來。陸九淵為江西金溪人，他認為心是宇宙的本體，說宇宙便是吾心，吾心便是宇宙，「此心此理，我固有之。所謂萬物皆備於我」。[42]淳熙二年，應當時著名學者呂祖謙的邀請，朱、陸二人在上饒鉛山鵝湖寺舉行一次哲學辯論，這便是歷史上著名的鵝湖之會。

明清兩代，程朱理學的統治地位得到官府的全力保護，進一步成為士人研習的顯學。明代江西崇仁吳與弼棄舉子業，潛心於程朱理學，成為名儒碩學的宗師，形成了崇仁學派。餘幹胡居仁追隨吳與弼，其學以主忠信為先，以求放心為要，築室山中，名敬齋，四方求學者甚眾。專力於程朱理學的，還有泰和的羅欽順，他潛心格物致知之學，並與王守仁書信往來，就心學觀點進

---

41 許懷林：《江西史稿》，南昌：江西高教出版社，1998 年。

42 陸九淵：《與侄孫浚》，《象山全集》卷一，四庫全書本。

行爭辯。

與此同時，流傳於社會的陸九淵心學，由於王守仁的繼承和發揚，成為陸王學派，在江西士人中更廣泛地傳播開來。王守仁主張「致良知」和「知行合一」，其門徒眾多，王學在傳習過程中，又產生了泰州學派，泰州學派反對誦習經典章句，重視百姓日用之學，這一思想，盛傳於江西，並出現了貴溪徐樾、永新顏鈞、永豐梁汝元（後改名為何心隱）、羅汝芳等著名學者。

3. 書院繁盛

書院繁盛是江西儒學教育發達的另一重要標誌。早在隋唐時期，江西的私家書院便開始興起。如唐代的李渤書堂、桂岩書院、皇寮書院、虎溪書院等。唐末五代時期，由於官學衰敗，私家書院便增多起來，這一時期儘管中國處於分裂時期，但江西的書院卻有了進一步的發展，形成了以白鹿洞廬山國學為代表，包括匡山書院、梧桐書院、華林書院在內的一批知名書院。至宋代，江西書院在唐末五代的基礎上，發展到了一個黃金時期，其數量多、成效大。諸如上饒鵝湖書院、白鷺洲書院、撫州仰山書院等。書院的興起與當時江西鼎盛的文風緊密聯繫在一起的。在這些書院當中，最負盛名的當數廬山的白鹿洞書院。白鹿洞書院最初興辦於北宋初期，其鼎盛時期在南宋。[43]理學家朱熹為書院洞主並為書院購置田產。朱熹親自給諸生講學，並且制定白鹿洞學院的學規。他還邀請當時另外一著名理學家陸九淵到白鹿洞講

43 許懷林：《江西史稿》，南昌：江西高教出版社，1998年。

學，使書院名聲大振。白鹿洞書院成為宋代四大書院之首，成為理學之宗源。鵝湖書院是西元一二五〇年在鵝湖之會舊址建起書院，敕賜「文宗書院」，並設「四賢堂」，尊朱熹、呂祖謙、陸九淵和陸九齡為「四賢」。明景泰五年（1454）正式命名為「鵝湖書院」。

（二）宗教文化

1. 道教

道教是中國土生土長的宗教，產生於東漢中期。大約在三國時期，天師道創始人張道陵之曾孫張盛，來到江西龍虎山，弘揚道法，並且承襲了張天師的稱號。南北朝時期，北有寇謙之為首的北天師道，南有陸修靜為首的南天師道。陸修靜居住於廬山東南麓的簡寂觀，編纂了我國最早的道教叢書《道藏》。道教中有「十大洞天，三十六小洞天，七十二福地」之說，其中有多處位於江西境內。廬山、龍虎山、閣皂山、玉笥山、麻姑山、西山等都是著名的道教名山。

在眾多道教人物中，在江西影響最廣的是許遜。許遜創立了道教淨明派。北宋時期許遜被尊稱為「神功妙濟真君」，在江西贛北民間流傳著很多許遜斬蛟龍治水的故事。據傳許遜曾棲身修煉於南昌西山並在此仙逝，因此西山被稱作道教第三十八福地。東晉時為了紀念許遜，於西山建萬壽宮。西山萬壽宮也被尊為淨明道的祖庭。

2. 佛教

佛教進入江西境內，大約在東漢時期，和佛教在全國的傳播

和發展基本同步。[44]東晉時期，著名僧人慧遠於廬山創立東林寺，東林寺後來也被看成是淨土宗的發源地之一。廬山也成為江西佛教的中心之一。隋唐時期，佛教得到了前所未有的發展。至中唐時期，已有天臺宗、法相宗、華嚴宗、禪宗、三論宗、淨土宗、律宗、密宗等。江西佛教的發展同樣達到了鼎盛時期。佛教五祖弘忍弟子慧能對傳統禪學進行了大膽的改革，形成南嶽和青原兩大系統。南嶽法系的高僧懷海參考佛教的戒律，別創禪律，稱「禪門規式」，因其居住江西奉新百丈山，又稱「百丈清規」。懷海弟子進一步發展了其禪律，形成了溈仰宗和臨濟宗。臨濟宗由希運、義玄師徒開創，二人居於宜豐縣黃柏山鷲峰下。臨濟宗的發展路線，是從江西出發，在河北正定壯大成宗派的。後來又回到江西，到了北宋時期演化為萍鄉的楊岐宗、修水的黃龍宗。南宗的另一大傳法系統是青原法系。青原法系的曹洞宗在江西宜豐傳播到全國。歸納起來五家七宗多數以江西為主要的傳法基地，與江西社會關係密切。

3. 基督教

基督教傳入江西的歷史，可以追溯到明朝萬曆年間。萬曆九年（西元 1581 年），義大利神父利瑪竇、羅明堅兩人來到廣州。利瑪竇以傳授科學知識為媒介，將天主教義與儒家的理論觀念相融合，並學習中國士大夫的生活方式，逐漸發展了他的傳教事業，利瑪竇所實行的把西方宗教與中國傳統文化相結合的傳教方

44 許懷林：《江西史稿》，南昌：江西高教出版社，1998 年。

針，為天主教在中國的廣泛傳播奠定了基礎。萬曆二十三年（西元 1595 年），利瑪竇到達南昌。他和江西的士大夫保持密切的交往。江西巡撫陸萬陔請他編寫《西國記法》，白鹿洞書院山長章璜及其門生，屢次和利瑪竇交談，討論天堂與地獄的問題。利瑪竇在南昌建立了天主堂，這是他在中國繼韶州天主堂之後建立的第二所教堂。南昌教堂由葡萄牙傳教士湯若望協助利瑪竇管理。利瑪竇等人是進入江西的第一批西方教士。清朝以後，外國傳教士進入江西的人數增多，傳教活動擴大。同治、光緒間，各國傳教士已經深入到江西各府縣，建立了許多教堂，發展了大批中國教民。到光緒末年（西元 1908 年），江西「各府、廳、州、縣，天主、耶穌兩教，華式、洋式各教堂，共有三百數十處之多」。[45]

4. 伊斯蘭教

伊斯蘭教是隨著西北回族穆斯林信徒內遷而進入江西的，與佛教、道教、基督教相比，伊斯蘭教傳入江西時間較晚，影響面積較小。明景泰元年（西元 1450 年），回族將領馬哈直任九江總兵，並在此定居，於是在長江邊磯灣修建了江西第一座清真寺。此後西北穆斯林信眾遷居江西各地日益增多，其中南昌教門巷就是著名的回民聚集的地方，贛州、廬山、景德鎮等地都有伊斯蘭教活動並建立清真寺。

---

45 《東方雜誌》，1908 年，第 2 期，《宗教》，轉引自《江西史稿》。

（三）手工業及商業文化

　　早在商周時期，江西就得到了很好的開發，並且創造了光輝燦爛的青銅文化。江西瑞昌銅嶺銅礦遺址是全國最早的銅礦遺址，時代為商代中期。吳城商代遺址出土四座龍窯，是我國陶瓷史上的一項重大突破。[46]新幹大洋洲商代墓是全國居第二、江南數第一的商代大墓，墓中出土了大量的各類青銅器。其數量之多，品類之眾，堪稱江南商墓之冠，在全國也屬罕見。

　　隋唐時期，江西的經濟有了長足的發展。到了宋代，江西的手工業普遍繁榮，尤其是制瓷業，出現了眾窯爭輝的興旺景象。而其中最著名的，就是後來有著「瓷都」美譽的景德鎮。景德鎮的陶瓷文化有著非常悠久的歷史，唐代當地製作的瓷器被稱做「假玉器」，五代時期很多的生產藝術在許多方面已經達到了現代的標準，宋代更是首創了青白瓷。地名也在北宋景德元年由「浮梁」改為「景德鎮」。景德鎮雄踞長江之南，歷史上與廣東佛山、湖北漢口、河南朱仙鎮並稱「全國四大名鎮」。

　　明清時期，江西的市鎮得到了進一步的發展，這得益於贛江水道的開發。贛江縱貫江西南北，是長江的一大支流。唐開元四年張九齡進一步開鑿大庾嶺山道之後，贛江便逐漸成為聯繫長江水系和珠江水系的最重要的通道，大量貨物由此往來與廣東與內地之間。贛江航道成為海上絲綢之路在陸路上重要的支撐點。贛

---

46 許懷林：《江西史稿》，南昌：江西高教出版社，1998 年。

江是主航道，撫河、信江、饒河、修水等航道居其次，也隨著運輸的需要而日益暢通。

江西水運的發達帶來了市鎮的繁榮。吳城鎮成為航運大碼頭，發展為「洪都之鎖鑰，而江右之巨鎮」。明後期，吳城鎮是「四方商旅所湊集，往來舟楫所停泊，⋯⋯舳艫十里，煙火萬家。」[47]乾隆年間清政府實行一口通商，使得贛江航運的重要地位更為突出，吳城成為江西的一個巨鎮。這裡有「裝不盡的吳城，卸不完的漢口」的美譽。吳城碼頭，全賴航運商業而興，是江西商業經濟盛衰的標記。

鉛山河口鎮，位於信江岸邊，是閩浙皖贛交通連結點。河口舟車四通，往南入福建，循信江上游往東入浙江，往西沿信江而下入鄱陽湖與贛江航運連接在一起。重要的交通地理位置使得河口鎮迅速發展起來，到了嘉靖、萬曆時期，已經是「舟車四出，貨鏹所興」[48]的工商市鎮。清代河口鎮的紙、茶貿易空前繁榮，成為全國性的集散地。

因贛江航運而繁榮的還有贛江東岸的清江樟樹鎮。袁水與贛江在樟樹交匯，水利交通極為便利，贛江中部的貨物在此集散。在這些貨物中，最具特色的是藥材。藥材通過便利的交通運往四面八方，樟樹也逐漸成為中國的「藥都」。到了清代，形成了樟

---

47 梁份：《懷葛堂集》卷四。
48 費元祿：《晁采館清課》卷上。轉引自許滌新、吳承明主編《中國資本主義的萌芽》，第85頁。

樹藥業行幫，在全國中藥行業中居於突出的優勢地位。

（四）紅色文化

近代以來，中國陷入長達百年的水深火熱之中。與此同時，中國人民為探索救國救民道路也進行了長達百餘年的艱辛跋涉與探索。面對國家殘破，民生凋敝，江西人民積極回應太平天國運動、呼籲維新變法、參與辛亥革命光復江西的鬥爭、舉行湖口起義，為改變自己被壓迫與被剝削的命運而英勇鬥爭。中國共產黨誕生後，江西人民迎來了新的希望。從安源工人運動到解放戰爭，江西兒女在中國共產黨的領導下，為爭取自身解放和全中國革命事業的勝利作出了重大犧牲。

三、江西歷史名勝

大體上，可以把江西歷史名勝分為古遺址、古城鎮與古村落、古代書院、宗教與民俗活動場所、革命遺址、古代建築等六大類。

（一）古遺址

先人在江西土地上創造了燦爛的青銅文化。江西瑞昌銅嶺銅礦遺址是全國最早的銅礦遺址，時代為商代中期。吳城商代遺址出土四座龍窯，是我國陶瓷史上的一項重大突破。[49]新幹大洋洲

---

49 許懷林：《江西史稿》，南昌：江西高教出版社，1998 年。

商代墓是全國居第二、江南數第一的商代大墓，墓中出土了大量的各類青銅器。其數量之多，品類之眾，堪稱江南商墓之冠，在全國也屬罕見。此外，江西還有燦爛的瓷器文化，豐城的洪州窯址、吉安的吉州窯址、景德鎮的湖田古瓷窯址和御窯遺址。

（二）古城鎮與古村落

明清時期，得益於商品的經濟的發展和水路交通的便利，江西形成了景德鎮、河口鎮、樟樹鎮和吳城鎮等四大古鎮。除了四大古鎮外，江西歷史上還形成了一些規模較大的村落，村落或因科舉而興、或因經濟而盛、抑或二者兼有之，在眾多名村中，流坑、婺源古村、青原美陂村、安義古村便是其中代表，這些村落因為歷史上的繁榮而留下了大量精美的建築、雕刻、彩繪等藝術，令後世歎為觀止。

（三）古代書院

江西古代書院文化發達，不僅是中國古代書院文化的發祥地，而且其建置數量之多居全國首位。據統計自唐至清代江西先後擁有書院一〇七一所，江西書院的學規之完備、辦學品質之高，為時人交口稱讚。特別是在宋代，江西成為全國興學最早、學院數量最多的地區，白鹿洞書院為當時全國四大書院之首，其他如鵝湖書院、白鷺洲書院、象山書院、濂溪書院等全國亦享有盛名。至明、清時期，遠遊著名的書院得到修建，同時又興辦了新的著名書院，如清代的南昌豫章書院，它與白鹿洞書院、鵝湖書院和白鷺洲書院一道被譽為「江西古代四大書院」。

（四）宗教活動場所

　　江西自古乃文化昌盛之地，又兼山水空靈，成為宗教文化滋生繁衍的一方沃土。佛教、道教在江西發展歷史悠久，流傳廣泛，境內佛、道名山星羅棋佈，宗派林立，留下了大量的宗教活動場所。東晉時，慧遠在廬山開創的東林寺，成為佛教淨土宗祖庭。在佛教眾多宗派中，禪宗最能代表中國佛教特色，江西是禪宗發展的重要地區，禪宗派系多與江西有關，宜豐洞山和宜黃曹山為曹洞宗的創立地，唐代馬祖在洪州佑民寺設道場，開創洪州禪，宜春仰山為禪宗溈仰宗發揚光大地，宜豐黃檗寺為臨濟宗主要思想形成地，萍鄉楊岐山為楊岐宗的創立地，修水黃龍山為臨濟宗又一分支黃龍宗的創立地。此外，永修雲居山的真如寺、吉安青原山淨居寺、九江能仁寺、靖安寶峰寺、奉新百丈寺都是江西著名的寺廟。

　　江西山川秀美，是中國道教起源地之一，道教勝跡遍佈全境。江西道教勝地最著名的莫過於龍虎山，龍虎山因張道陵創教前傳道煉丹，其曾孫張盛來龍虎山定居，世襲天師道，成為天師道祖庭。晉代許遜在南昌西山建立萬壽宮，創立淨明派，東晉時葛洪在三清山結廬煉丹，著書立說，宣揚道教教義，使三清山成為道教名山，樟樹閣皂山因傳葛巢甫在此得道成仙而成為靈寶派的本山，廬山因南朝著名道士陸修靜在此隱居修道而成為道教名山。在道教關於洞天福地的理論系統中，江西總共有五小洞天，十二福地。

序號	洞名	天名	福地名	地點
第八	廬山洞	洞靈真天		九江市
第十二	西山洞	天柱寶極玄天		新建縣
第十五	鬼谷山洞	貴玄司真天		貴溪市
第十七	玉笥山洞	太玄法樂天		峽江縣
第二十八	麻姑山洞	丹霞天		南城縣
第九			郁木洞	峽江縣 玉笥山南
第十			丹霞洞	南城縣 麻姑山西
第三十二			龍虎山	鷹潭市
第三十三			靈山	上饒市
第三十五			金精山	寧都縣
第三十六			閣皂山	樟樹市
第三十七			始豐山	豐城市
第三十八			逍遙山（西山）	新建縣
第三十九			東百源	奉新縣
第四十七			虎溪山	彭澤縣
第五十一			元辰山	都昌縣
第五十二			馬蹄山	鄱陽縣

　　基督教、伊斯蘭教傳入江西時間相對較晚，但發展迅速，社會影響較大，因此也留下了一批具有突出價值的文化遺產。江西較為著名的教堂有南城天主堂、撫州天主堂、余江錦江天主堂和南昌松柏巷天主堂等。其中南城天主教堂始建於一六三〇年，是

江西修建最早的天主教堂。撫州天主教堂始建於一九〇八年，為哥特式建築風格，規模名列全國第三位元，南昌松柏巷教堂始建於一九二二年，屬羅馬式建築風格，為江西郊區主教座堂。江西較為著名的清真寺有南昌醋巷清真寺、九江城外清真寺、景德鎮清真寺和贛州清真寺等。其中，醋巷清真寺是南昌市伊斯蘭教協會所在地。

（五）革命遺址、舊址

江西的革命遺址、舊址有明顯的階段性特徵，以此相對應的分別有舊民主主義革命遺址、舊址，江西早期黨團組織活動遺址、舊址，早期工農運動遺址、舊址，北伐戰爭遺址、舊址，工農暴動遺址、舊址，共產黨獨立領導武裝鬥爭遺址、舊址，土地革命遺址、舊址，廬山談判與新四軍成立遺址、舊址，抗日戰爭遺址、舊址，解放戰爭遺址、舊址。

時期	革命遺址、舊址
舊民主主義革命	萍瀏醴起義、「二次革命」
早期黨團組織活動	社會主義青年團安源支部、安源工人補習所、中共安源支部、社會主義青年團江西地方團、中共南昌支部
早期工農運動	安源工人俱樂部、安源路礦工人大罷工、贛州總工會
北伐戰爭	北伐戰爭江西戰場、漢潯慘案、收回九江英租界
工農暴動	弋陽漆工鎮暴動、南昌「四二」暴動

續上表

時期	革命遺址、舊址
共產黨獨立領導武裝鬥爭	八一起義、秋收起義
土地革命	井岡山、贛東北、中央革命格局地的創建與發展
廬山談判與新四軍成立	廬山談判、新四軍成立
抗日戰爭	萬家嶺大捷、南昌會戰、上高會戰、浙贛會戰、蔡山壟大捷
解放戰爭	渡江戰役、解放戰爭江西戰場

（六）古代建築

建築是人類創造的最古老的藝術形式之一，是一種實用性的藝術。在江西的歷史過程中，前人留下了亭臺樓閣、橋樑古塔、名人別墅等大量的建築藝術。

1. 亭臺樓閣

最著名的當屬江南三大名樓之一的滕王閣，而琵琶亭、鬱孤台、潯陽樓當屬各類代表，此外孺子亭、煙水亭、牡丹亭、八境台、大觀樓、龍珠閣都是此類建築的代表。

2. 橋樑古塔

江西著名的橋樑有廬山棲賢谷的觀音橋，贛州架設在章、貢兩水上的浮橋、位於婺源清華鎮的彩虹橋，古塔有西林寺千佛塔、淨居寺七祖塔、能仁寺大勝塔、南昌市繩金塔。

3. 名人別墅

江西廬山是中國著名的避暑勝地，廬山別墅群是江西特有的

人文景觀，從十九世紀末西方列強開始在廬山興建別墅至今，廬山共有別墅八〇〇餘棟，它們風格各異，其中最為著名的要數美廬別墅。一九三四年至一九四八年，美廬是蔣介石在夏都廬山的官邸，解放後，包括毛澤東、宋慶齡、尼泊爾王子在內的眾多國內外領導人均曾下榻於此。

山岳風景名勝

第一節 ▶ 博大雄奇的千古名山——廬山

一、地理環境

（一）山水概觀

　　廬山「穹隆嵯峨，寔峻極之名山也」[1]。它地處江西北部的鄱陽湖平原，北枕長江，東南濱臨鄱陽湖，距九江市僅十公里，可謂「兼具湖山之美，得水陸交通之便」。廬山是幕阜山脈東北端之餘脈，山體呈橢圓形，長約二十五公里，寬約十公里，面積約二八二平方公里。兩漢至晉代，廬山屬柴桑縣，隋代屬潯城縣，唐代屬潯陽縣，五代吳時屬德化縣。北宋太平興國三年（978），統治者在廬山腳下設立星子縣，從此山之西北屬德化縣（今九江縣），東南屬星子縣，一直延續至今。廬山是一座地壘式斷塊山，具有河流、湖泊、坡地、山峰等多種地貌，有岡嶺二

1　（北魏）酈道元：《水經注》卷第三十九，《四部叢刊》本。

十六座，壑谷二十條，岩洞十六個，怪石二十二處。自古命名的山峰便有一七一座，最為著名的有大漢陽峰、五老峰、太乙峰及紫霄峰等。其中，大漢陽峰為其主峰，海拔高達一四七四米，因「望數百里，極目江漢」[2]而得名。

「匡廬奇秀，甲天下山。」[3]在大江、大湖輝映之下，廬山在鄱陽湖平原上拔地而起，集博大雄奇、險峻秀麗於一體。全山有瀑布多達二十二處，溪澗十八條，湖潭十四處。雍正《江西通志》載：「廬山泉石之勝，如開先之瀑布，棲賢之三峽，康王之谷簾，臥龍之懸水，縞練飛而雷霆吼，可謂壯觀矣。」[4]唐代茶聖陸羽評定的天下二十名泉，廬山有其三，分別是：第一泉谷簾泉、第六泉招隱泉和第十泉天池水。大詩人李白曾言：「予行天下，所遊覽山水甚富，俊偉詭特，鮮有能過之者，真天下之壯觀也。」[5]於是，當他看到廬山黃岩瀑布從雲際飄搖灑落時，不由發出「飛流直下三千尺，疑是銀河落九天」的浩歎。李白的《望廬山瀑布》一詩堪稱千古絕唱，文化與山水的完美結合使廬山瀑布成為中國瀑布的形象代表。因此，古人云；「大江以西山之最盛者曰匡廬，匡廬之最盛者曰瀑布泉。」[6]廬山美景激發了歷代

2　《大清一統志》卷二百四十三《南康府》，四庫全書本。

3　（唐）白居易：《白氏長慶集》卷二十六《草堂記》，《四部叢刊》本。

4　雍正《江西通志》卷十一《山川》，四庫全書本。

5　（明）陳耀文：《正楊》卷四，四庫全書本。

6　（明）王世貞：《寶墨亭記》，載雍正《江西通志》卷一百三十二《藝文》。

文人的創作靈感。歷史上，白居易、歐陽修、朱熹、王守仁等大批文人在這奇山秀水之間留下為數眾多的詩詞歌賦。蘇軾初來盧山，因「山谷奇秀，平生所未見，殆應接不暇，遂發意不作詩。」[7]但實際上盧山秀美的風光使詩人詩興大發，他在盧山共寫下了《題西林壁》等六首著名詩篇。毋庸置疑，盧山以其寬廣博大的胸懷、秀麗奇絕的美景啟迪了歷代文人的創作靈感，從這個意義上來看，盧山可稱為是文人真正的精神家園。

（二）氣候物產

由於地處亞熱帶濕潤氣候區，加之襟江帶湖的獨特區域地理環境，盧山雨量豐沛，全年平均降雨量達一九一七毫米，年平均有雨日達一六八天。「行人讜道盧山好，自是春雲態度多。」[8]盧山雲霧久負盛名，全年平均有霧日達一九二天。由於山體高大雄偉，盧山垂直氣候差異明顯。白居易《大林寺桃花》詩云：「人間四月芳菲盡，山寺桃花始盛開。」[9]宋代孔武仲亦云：「江城八月苦炎暉，瀟灑山間夾纊時。」[10]盛夏時節，山上平均氣溫一般在二十二度左右，而山下九江最高氣溫則往往高達三十九度。因此，盧山氣候清涼，自古就是夏季避暑的理想之地。清代文人舒

7　（宋）蘇軾：《記遊盧山》，載張成德編《中國遊記散文大系・江西卷》，太原：書海出版社，2002，第 90 頁。

8　（明）楊基：《眉菴集》卷十一《七言絕句》，《四部叢刊》本。

9　（清）汪立明：《白香山詩集》卷十六《大林寺桃花》，四庫全書本。

10　（宋）孔武仲：《山間三首》，載《清江三孔集》卷七，四庫全書本。

夢蘭來廬山避暑，在其《遊山日記》中寫到：「夏已入伏，僧衲皆棉，……，酷似人間對菊花飲酒時也」。[11]第二次鴉片戰爭後，中國長江流域向西方開放，廬山優良的避暑度假條件受到西方人的青睞，他們在廬山進行了系統性的開發建設，使其在十九世紀末二十世紀初發展成為蜚聲海內外的避暑勝地。二十世紀三〇年代，由於繼續受到蔣介石等國民政府軍政高官的推崇，廬山進一步發展成為國民政府的「夏都」。

廬山物產十分豐富，其中最為著名的有雲霧茶、石耳、石魚、石雞，素稱「一茶三石」。廬山茶葉始產於漢代，宋代列為貢茶。雲霧茶「寄生於箐篁岩石間，滋以雲霧」，[12]以「味醇、色秀、香馨、液清」而久負盛名。廬山泉水水質絕佳，采得雲霧茶，「再烹以康王谷水，香色一月不散」。[13]明代詩人王世懋有詩贊曰：「金芽碧玉雲間生，讚美桃李莫如君。五老峰下成綠海，茶香千里萬年名。」但由於山峻高寒，雲霧茶產量十分有限。同治《九江府志》載：「茶出於德安、瑞昌、彭澤，惟廬山所產味香可啜。廬山尤有雲霧茶為最，惜不可多得耳。」[14]廬山「地寒苦，茶樹皆不過一尺，五六年後，梗老無芽，則需伐去矣。俟其

---

11 （清）舒夢蘭：《遊山日記》卷一，上海：宇宙風社，1936，第7頁。

12 （清）施閏章：《學余堂文集》卷十四《遊記》，四庫全書本。

13 （清）劉源長：《茶史》，載《續修四庫全書》第1115冊，子部，上海古籍出版社，2003，第313頁。

14 同治《九江府志》卷一，臺北：成文出版社有限公司，1975，第118頁。

再薦，其在最高者為雲霧茶，此間名品也。」[15]廬山茶葉自古多由寺廟僧人栽種，「諸庵寺皆藝之，不減他名產」，[16]但由於山地高寒很難成為一種普遍種植的經濟性作物。至民國時期，廬山茶葉仍然是「寺僧所鬻者尤佳，以焙制較精也。然非預定，不能得。」[17]

　　石耳是一種生長在懸崖峭壁上的菌類植物，由於形狀類似人耳，故名。石耳是廬山著名特產，古來享有盛譽。《潯陽記》載廬山「赤崖峻壁上，多靈岩，生仙菜，村人嘗采之」。[18]所謂「仙菜」，指的就是石耳。廬山石耳主要產於五老峰、鐵船峰、石耳峰等地，且質地佳，個體大而肥厚。《廬山紀事》載：「石耳生絕壁間，五老峰尤多，大者如盤。采者必腰刃負筐縋崖而下，然後得之。」[19]石耳營養價值豐富，有「素中之肉」的美稱。[20]《本草綱目》載：「石耳，……廬山亦多，狀如地耳，山僧采曝饋遠，洗去沙土，作茹勝於木耳，佳品也。氣味甘平無毒，久食益色，至老不改，令人不饑，大小便少，名目益精。」[21]廬山石魚

15 （清）黃宗羲：《匡廬遊錄》，載吳宗慈編：《廬山古今遊記叢鈔》卷下，廬山：重修廬山志總辦事處發行，1932，第 8 頁。

16 （明）桑喬：《廬山紀事》卷一，《通志》，臺北：成文出版社有限公司，1989，第 56 頁。

17 （民國）徐珂：《廬山指南》，上海：商務印書館，1920，第 26 頁。

18 （唐）歐陽詢：《藝文類聚》卷六《地部》，四庫全書本。

19 （明）桑喬：《廬山紀事》卷一，《通志·品匯》，第 46～47 頁。

20 蔡榮豪、王守奎：《廬山石耳》，《現代園藝》，2007 年第 1 期。

21 （明）李時珍：《本草綱目》卷二十八《菜之三》，四庫全書本。

則是生長於山澗泉瀑之中的一種小魚，體色透明，無鱗，體長一般在三十至四十毫米左右，同鏽花針長短差不多。石魚肉質細嫩鮮美，味道香醇，營養成分豐富，尤為產婦難得之滋補品。盧山石雞則是生長在陰澗岩壁洞穴中的一種麻皮青蛙，又名赤蛙、棘腦蛙，因其肉質鮮嫩，肥美如雞而得名。石雞易於消化，營養豐富，是肴中佳品，「黃燜石雞」是盧山傳統名菜之一。

二、歷史文化

（一）盧山釋名

盧山見諸史冊的歷史可謂久遠，最早可上溯至西周時期。戰國時期成書的《竹書紀年》載：「（周康王）十一年，工南巡狩至九江盧山」。[22]這是目前所知我國歷史典籍中第一次記下「盧山」這個名稱，周康王時期距今已近三〇〇〇年。

盧山得名的說法較多，主要有以下四種。說法一：「周武王時，方輔先生與李老君跨白驢入山煉丹得道仙去，惟盧存，故名。」[23]這一說法現在看來不可信。老子生於魯襄公二年（前571年），而目前所知「盧山」一名至少在周康王十六年（約前987年）之前已經出現。說法二：「（周）威烈王以安車迓匡續。續仙去，惟盧存，因命其山為靖盧山。邦人以先生姓呼匡山，又

---

22 （戰國）《竹書紀年》卷下《康王》，四部叢刊本。

23 （明）徐𤋮：《徐氏筆精》卷八《雜記》，四庫全書本。

曰匡阜。」[24]考之史籍，周威烈王於西元前四二六年至西元前四〇二年在位，晚於周康王約五〇〇餘年，因此這一說法也屬附會。說法三：「盧俗，字君孝，本姓匡。父東野王，共鄱令吳芮佐漢定天下而亡。漢封俗於鄡陽，曰越盧君。俗兄弟七人，皆好道術，遂寓精於宮亭之山。故世謂之盧山。」[25]西漢立國距周康王時期達七〇〇餘年，「匡俗」之說顯然也不成立。上述傳說見諸記載都在漢魏之後，與早期道教神化自身並與佛教爭奪名山有關，「是道教傅會道家之後有意製造出來的」。[26]上述傳說儘管並不真實，但卻為盧山平添了許多神秘色彩，因此盧山自古號為「神仙之盧」。說法四：盧山得名源自盧江。北魏酈道元在《水經注》中提出：「《海內東經》曰：『盧江出三天子都，入江彭澤西。』是曰盧江之名，山水相依，互舉殊稱」。[27]從取名規律上來看，「山水相依」的現象是普遍的，但盧山和盧江的名字關聯性應當是「水依山」而並非「山依水」。「盧」，房舍也。從形象特徵來看，山更像一座房子，而水幾乎與「盧」的形象毫無關聯。盧山真正得名應當源於一個形象的比喻。盧山「臨彭蠡之澤，接平敞之原」，[28]像一座高大的房子巍然屹立在廣闊的鄱陽

---

24 （南朝‧齊）謝顥：《廣福觀碑》，載《廣博物志》卷五，四庫全書本。

25 （北魏）酈道元：《水經注》卷三十九《盧江水》，四庫全書本。

26 姚公騫：《盧山之得名與慧遠〈盧山記〉辨》，《江西社會科學》，1981年第1期：

27 （北魏）酈道元：《水經注》卷三十九《盧江水》，四庫全書本。

28 同上。

湖平原上。因此，在其所處的特殊地理環境下，廬山形似一座高大的房子，這應是廬山名字的真正由來。這也比較符合早期先民對自然事物簡單形象化認知的普遍規律。此外，廬山在不同歷史時期還有天子都、天子障、南障山、匡廬、匡山、康山等不同稱謂，在此不一一贅述，具體可參加歷代所修廬山地方史志。值得一提的是敷淺原也被認為是廬山的古稱，筆者以為頗不確切。元代王充耘曾說：「高平曰原，而又名敷淺，必平曠之地，不為高山可知。」[29]因此，敷淺原的說法實際上早已遭到古人的質疑。從字意上看，敷淺原的確不應是廬山的古稱之一，或許是山下與水相接的一處平敞之地。

（二）隱逸文化

坐鎮東南，山水奇秀的廬山常常令人陶醉於自然天地之間，自古吸引了許多人來此隱居。最初隱居廬山的是來廬山修道煉丹的神仙方士，他們為廬山的早期開發和隱逸文化的形成奠定了最初的基礎。而廬山真正成為一座歷史文化名山則與來此隱居的歷代名人有著莫大關聯。「廬阜青蒼，真欲招隱耶？」[30]歷史上，廬山往往被文人引為「歸隱」的代名詞。《廬山記》載：「楚康王為秦將王翦所窘，匿於谷中，因隱焉，故號康王谷。」[31]這是

---

29 （元）王充耘：《讀書管見》卷上《禹貢》，四庫全書本。

30 （宋）周必大：《文忠集》卷一百六十七《廬山錄》，四庫全書本。

31 （宋）陳舜俞：《廬山記》卷三《敘山南篇第三》，四庫全書本。

盧山有史可考的第一位隱者，距今已二二〇〇餘年，其隱逸文化可謂源遠流長。盧山歷來是文人隱居讀書、避世求靜的天堂。據統計，歷史上來盧山隱居治學的士人就有二三〇人之多。

漢末以降，中國長期處於戰亂之中，民生凋敝，社會破碎，「士人往往轉向疏離國家與社會，而注重個體生命的存在和人生價值的思考」，[32]由此興起一股隱逸之風。魏晉南北朝時期，來盧山隱居的文人眾多。其中，最富盛名的隱者當屬東晉大詩人陶淵明。他「不為五斗米折腰向鄉里小人」，毅然辭官歸隱盧山。但他「志不在隱逸」而是「假隱逸以樂道」。[33]陶淵明在盧山創作了《歸去來辭》等大量風格恬淡雋永的詩歌，被後世尊為「田園詩派」的鼻祖。與陶淵明並稱「潯陽三隱」的周續之、劉遺民都是當時著名文人。他們布衣蔬食，隱居盧山，與高僧慧遠結社念佛，互為唱和，使盧山隱逸文化達到一個里程碑式的高峰時期。此外，東晉玄學家翟湯一家四代均隱跡盧山，不就徵聘，為後世所敬仰，人稱「翟氏四隱」。東晉時期盧山的文人隱逸團體對後世影響深遠，也為盧山增添了豐厚的文化內涵。宋代黃裳有詩云：「究竟此生安可逃，淨土社中風最高。」[34]南朝時，宗測、張孝秀、劉慧斐、張正見等著名文人亦隱居盧山。張孝秀博覽群書，尤其精通佛教經典，且多才多藝，「遂去職歸山，居於東林

---

32 馮天瑜等：《中國文化史》，北京：高等教育出版社，2005，第 114 頁。

33 雍正《江西通志》卷一百三十五《陶靖節先生祠記》，四庫全書本。

34 （宋）黃裳：《演山集》卷三《送駱君歸隱盧阜》，四庫全書本。

寺，有田數十頃，部曲數百人，率以力田，盡供山眾，遠近歸慕，赴之如市」。[35]劉慧斐經過廬山，與張孝秀「相得甚歡」，因此也辭官不做來此隱居，並在山北建離垢園，後世稱其為「離垢先生」。劉慧斐亦精通佛經，工於篆書，在廬山手寫佛經二千餘卷。張、劉二人使廬山在全國的文化影響進一步增強。姚思廉在《梁書》中將張孝秀、劉慧斐與慧遠相提並論，稱「自遠法師沒後二百年，始有張劉之盛矣」。[36]

隋唐時期，廬山隱逸文化得到進一步發展。隋末有奇識之士蘇賓隱居廬山。「唐時人士多棲隱山谷以獵聲華。」[37]這種風氣推動越來越多的文人來到廬山隱居。大詩人李白曾就曾在廬山五老峰下隱居，並有詩云：「九江秀色可攬結，吾將此地巢雲松。」[38]中晚唐時期，廬山出現文人群體性隱居的現象。「貞元初，有符載楊衡輩隱焉，亦出為文人。今讀書屬文結草於岩谷間者猶一二十人。其秀出者有彭城劉軻。」[39]當時，楊衡、符載、崔群、宋濟等號稱「山中四友」，他們吟詩作賦，互為唱和。大詩人白居易任江州司馬期間來到廬山，「如獲終老地，忽乎不知

---

35 （唐）姚思廉：《梁書》卷五十一《列傳第四十五》，四庫全書本。

36 同上。

37 （明）桑喬：《廬山紀事》卷七，《五老峰東南至羅漢嶺》，臺北：成文出版社有限公司影印，1989，第 400 頁。

38 （唐）李白：《李太白文集》卷十八《望廬山五老峰》，四庫全書本。

39 （明）桑喬：《廬山紀事》卷四《山南至張公嶺東北行至七尖山》，臺北：成文出版社有限公司影印，1989，第 277 頁。

還，架岩結茅宇，斫壑開茶園」[40]。白居易在廬山可謂半仕半隱，自稱如「倦鳥得茂樹，涸魚反清源」[41]。他創作了大量詩文讚美廬山。晚唐時期，李涉、李渤兄弟二人隱居廬山五老峰下讀書，並「養白鹿自娛」。[42]這裡後來因之發展成為譽播四海的白鹿洞書院。

　　南唐時，有鄭元素隱居廬山南麓鶴鳴峰下。南唐中主李璟當皇帝前，也在廬山秀峰隱居讀書，並建有讀書台。此後，廬山國學興起，推動了濃厚文化氛圍在廬山的進一步形成，劉洞等社會知名文人均來廬山長年隱居讀書，其流風餘韻延及兩宋。北宋來廬山隱居的文人絡繹不絕，著名學者劉渙、劉恕、劉羲仲一家三代都曾在廬山隱居。「廬山南墮當書案，溢水東來入酒巵。」[43]這是王安石懷念在廬山隱居的友人王逢原的詩作。王逢原「作騷文極工」，[44]王安石對之極為賞識，兩人成為至交。北宋藏書家李公擇與家人亦隱居廬山五老峰下的白石庵，其「李氏山房」藏書達九千餘卷，大文豪蘇軾曾為其作《李氏山房藏書記》。理學宗主周敦頤晚年在廬山北蓮花峰下建「濂溪書堂」，收徒講學，

40 （唐）白居易：《白氏長慶集》卷七《閒適三》，四庫全書本。

41 同上。

42 （明）陳耀文：《天中記》卷八《廬山》，四庫全書本。

43 （宋）王安石：《思王逢源三首》，載《臨川文集》卷二十，四庫全書本。

44 （宋）馬端臨：《文獻通考》卷二百三十五《經籍考六十二》，四庫全書本。

也可謂是「隱」的一種。此後，南宋客觀唯心主義論學派宗師朱熹在白鹿洞書院聚徒講學，使白鹿洞成為全國四大書院之首，聲名遠播四海。「自朱文公講學白鹿洞，環匡廬山之麓，士君子聞風而起者多矣。」[45]

　　元明清時期，來廬山隱居的人仍然絡繹不絕。他們或無意仕途，寄情山水，或深居山林潛心讀書，成為廬山隱逸文化的主要繼承者和發揚者。如明代江西吉水籍狀元羅洪先因「言事除名」，「甘淡薄，隱廬山」。[46]崇禎朝庚午（1630）解元王一夔，因明朝覆亡來廬山隱居，「茅屋三間，蕭條高寄」。[47]明代隱居廬山的文人還有張自烈、朱公奭、吳裕等人。至清代，有聶應井，章枝等人先後來廬山隱居。但總體來看，元明清時期廬山見諸史志的隱居文人在逐漸減少。但名人隱居廬山的風氣進一步影響到近現代。一九二七年，北伐名將嚴重因不滿蔣介石的反共政策，辭官來到廬山山南的太乙村隱居務農，前後長達十年。蔣介石屢次禮聘，嚴重均不肯出山。同時，追隨嚴重來廬山隱居的粵籍將軍有十多位。一九三七年，抗日戰爭爆發，嚴重才抱著「赴國難，求所死」的決心離開廬山，出任湖北省政府主席。

　　歷代來廬山隱居的文人在廬山創造了豐富的詩詞歌賦，留下大量歷史文化遺跡，極大地豐富了廬山的文化內涵。「隱逸文化」

45　（元）虞集：《瑞昌蔡氏義學記》，載雍正《江西通志》卷二十六《風俗》，四庫全書本。

46　（民國）吳宗慈：《廬山志》目之二十五，《歷代人物》。

47　雍正《江西通志》卷九十六《寓賢》，四庫全書本。

是廬山的寶貴文化財富之一，在全國名山中佔有極其重要的地位。

（三）宗教文化

廬山早期開發與神仙方士有著密切關聯。神仙方士好講「神仙之道」，他們喜好到名山勝水間修道煉丹，以求長生不老之術。廬山因其濱江靠湖，更兼山川秀麗而成為方士修煉的理想之所。先秦至兩漢時期，廬山在全國已負盛名。《史記》載：「（武帝）浮江，自尋陽出樅陽，過彭蠡，祀其名山。」**48**由於帝王對神仙方術的推崇更使廬山成為具有濃厚神秘色彩的「神仙之廬」。長生不老雖然是人類渴求而不可得的早期人生夢想，但神仙方士在廬山的活動客觀上為其成為一座宗教文化名山奠定了最初的文化基礎。

道教、佛教是中國兩大傳統宗教，它們鍾愛在名山聖水間辟建道場。廬山自魏晉以來便成為佛、道開宗立派，弘揚教義的勝地。據不完全統計，廬山歷史上寺廟累計有近一〇〇〇餘處，道觀二〇〇餘處，是名副其實的中國南方宗教中心。佛教傳入廬山，始於三國時期。廬山最早的寺廟則是山南的歸宗寺，「晉咸康六年寧遠將軍、江州刺史王羲之置以舍梵僧那連耶舍尊者」。**49**東漢時期，佛教早已隨北民南遷傳入江西地域，僧侶們

---

48 （漢）司馬遷：《史記》卷十二《孝武本紀第十二》，四庫全書本。

49 （宋）陳舜俞：《廬山記》卷三，載《文津閣四庫全書》第 194 冊，北京：商務印書館，2005，第 380 頁。

在各地闢建了不少道場傳播教義。但具有全國性影響力的佛教道場則是東晉時期廬山的東林寺。東晉高僧慧遠在廬山弘揚佛法，並與劉遺民、周續之等僧俗一二三人共結蓮社，共立往生西方淨土之宏願，大興淨土宗風，廬山因此成為佛教淨土宗的發祥地，是當時與長安遙相呼應的南方佛教文化中心。因其簡單方便的修行法門，淨土宗很快風行全國，念佛之風歷久而彌盛。東晉以降，廬山為歷代佛教文化重鎮。

「廬山三百寺，何處扣層雲。」[50]歷史上廬山寺廟眾多，高僧大德層出不窮，對中國佛教發展影響至深。唐宋時期，廬山是南禪宗的興盛之地，大小寺廟多達數百所。其中東林寺、西林寺、大林寺被後世稱為「廬山三大名寺」，歸宗寺、棲賢寺、開先寺、圓通寺與明代創立的海會寺並稱「廬山五大叢林」。[51]唐代（618-907），有禪宗「南天八祖」之稱的馬祖道一在廬山的宗教活動頻繁，使之成為全國佛教信徒「走江湖」的重要網站之一。至宋代（960-1279），廬山佛教寺廟更達到三六一處之多。明清時期，廬山佛教雖然逐漸走向衰微，但仍不失為一座佛教名山。

廬山「周回一百八十里，名曰洞靈真天」，[52]是道教三十六洞天之第八洞天。歷代道教信徒在廬山活動頻繁。早在三國時

---

50 （元）揭傒斯：《文安集》卷一，《南康夜泊聞廬阜鐘聲》，載《文津閣四庫全書》第 403 冊，第 596 頁。

51 唐宋時期，歸宗、棲賢、開先、圓通四寺已有廬山四大叢林之說。

52 （宋）張君房：《雲笈七籤》卷二十七《洞天福地》，四庫全書本。

期，著名道士董奉便來廬山隱居。董奉擅長內外丹功，兼通醫藥，「為人治病不取錢物，使人重病癒者使栽杏五株，輕者一株。如此數年，計得十萬餘株，鬱然成林」。[53]南朝著名道士陸修靜於大明五年（461）來到廬山，在此從事道教活動長達七年之久，整理編撰了我國歷史最大的道教大叢書《三洞經書目錄》，開創了廬山「釋道同尊」的局面。東晉至唐代以前，陸修靜住持過的簡寂觀是廬山最重要的道教宮觀，鼎盛時期有道徒五、六百人，香火極盛，為「山南之甲觀」。[54]

唐宋時期，錢朗、郗法遵、許堅等著名道士在簡寂觀修行，大大地促進了廬山道教的發展。李騰空、蔡尋真等名門閨秀也相繼入山修道，引得大詩人李白也幾度上山，並送其妻追隨李騰空在廬山修道。武則天統治時期，傳奇道人呂洞賓來到廬山修道，使廬山更成為令世人神往的道家聖地。玄宗朝，弘道抑佛的政策使廬山道教更進一步繁盛起來。開元十九年（731），玄宗勅建廬山使者廟，使之成為廬山道教活動的中心場所之一。同時，精通外丹修煉的著名道士劉混成住持白鶴觀。古人云：「廬山峰巒之奇秀，岩穴之怪邃，林泉之茂美，為江南第一，此觀復為廬山第一。」[55]白鶴觀因此被後世譽為「廬山道教宮觀風景第一」。此外，祥符觀、先天觀、景德觀、太平宮等道教宮觀相繼在廬山

53　（晉）葛洪：《神仙傳》卷十《董奉》，四庫全書本。

54　（宋）陳舜俞：《廬山記》卷三《敘山南篇第三》，四庫全書本。

55　（宋）祝穆：《方輿勝覽》卷十七《南康軍》，四庫全書本。

興起。宋明時期，盧山道教繼續呈現與佛教共同繁榮的局面。太平宮在全國享有盛名，湧現了劉虛谷、黃知微、白玉蟾等一批著名道士，其中白玉蟾是丹功派南五祖之一。當時精通醫道的道士皇甫坦所在的清虛庵也是盧山著名道教場所。明代道士石和陽在盧山修建木瓜洞道院，潛心專研道教理論，對道教理論與實踐都曾產生較大影響。清代，盧山道教走向沒落。清初文人李漁題簡寂觀聯云：「天下名山僧占多，也該留一二奇峰，棲吾道友；世間好話佛說盡，誰識得五千妙論，出我仙師。」[56]這幅對聯從一個側面反映了盧山道教的沒落景象。

「牯嶺，代表西方文化侵入中國的大趨勢。」[57]近現代西方人在盧山的避暑地開發使盧山成為西方基督教入侵中國內地的一個重要據點。避暑地早期居民以李德立等西方傳教士為主，他們在地方傳統的多元精神信仰世界裡植入了一個一元基督信仰社會。基督教向外部世界的強烈擴張性使盧山地區長期崇儒、尊釋、慕道的多元精神信仰傳統面臨新的挑戰。每年夏天，傳教士雲集盧山，常達數百人之多。他們組織或舉辦討論會，或舉辦培訓班，或商議教會事宜，或傳輸宗教信義，將宗教的觸角延伸到盧山的每一個角落。據統計，一九三三年盧山「各國宗教團體，

56 周淵龍：《中國名勝楹聯注釋》，北京：光明日報出版社，1986，第486頁。

57 胡適：《盧山遊記》，上海：商務印書館，1928，第26頁。

計有數十組」。[58]教會還通過舉辦醫院、福利院、學校等社會事業吸引信徒。教會創辦的盧光中學就規定入校學生必須信仰基督教。因此，清末至民國初年，基督教逐漸佔據了盧山宗教的主流地位，「國人信仰者頗多」。[59]基督教勢力還以盧山為據點積極向山下地區擴張。一九〇四年，英國牧師都約翰、巴福山在星子縣城建立耶穌教堂，至辛亥革命時教徒便已多達三〇〇多人。此後，德國、瑞士等國的傳教士也相繼來到星子縣傳教。至一九三三年，中國基督教內地會便在星子縣蛟塘設立了分會。[60]

西方宗教在盧山大肆擴張，致使「匡廬佛地，乃今盛傳洋教，不聞三寶之音」。[61]這種局面引起中國佛教界的高度關注。一九二二年始，盧山佛教復興運動興起，其影響擴展到全國乃至世界。佛教界相繼在盧山開展修復大林寺、舉辦佛學講演、召開第一次世界佛教聯合會、發起組織世界佛化新青年會等一系列重大活動。由於太虛、歐陽竟無、湯用彤等一批佛教高僧大德的領導以及梁啟超、蔡元培、章太炎等一批文化名流的參與，盧山佛教復興活動不僅一掃盧山佛教頹廢之氣，而且給全國乃至世界佛

58 （民國）吳宗慈，胡迎建注釋：《盧山志》（上冊），南昌：江西人民出版社，1996，第 460 頁。

59 （民國）吳宗慈：《盧山志》（上冊），1996，第 460 頁。

60 江西省星子縣誌編纂委員會：《星子縣誌》，南昌：江西人民出版社，1990，第 516 頁。

61 徐順民等：《盧山學——盧山文化研究》，南昌：江西人民出版社，2001，第 210-214 頁。

教界帶來新的氣象。二十年代廬山興起的佛教復興運動實質上是西方宗教入侵後引發的宗教文化衝突，此後廬山宗教文化在衝突碰撞中走向調適融合。太虛法師曾在廬山佛教集會中宣稱：「今則將進而融攝西方文化，聯合天下，以開全地軸（球）之新文明。」**62**

二十世紀三〇年代，由於基督教勢力在廬山漸趨衰弱。而海會寺、東林寺等佛教寺廟香火旺盛，殿宇擴大，僧侶日多。此時，道教在廬山也出現復蘇跡象。一九三二年，道教信徒楊道清、黃植夫等二十一人，奉其師坤雲之命來廬山開山建立真隱道院。一九三三年，頗有傳奇色彩的太和老人及其眾多弟子來到真隱道院，使其一度繁榮起來。此時，由西方入侵引起的廬山的宗教文化衝突漸趨平靜。西方基督教中的天主教、東正教、新教與廬山本土的佛教、道教之間的相互包容性得到增強。同時，由於伊斯蘭教、藏傳佛教的相繼進入使廬山地區宗教信仰的多元化格局更為繁複，由此形成廬山獨具特色的宗教文化景觀。

（四）文化教育

廬山博大雄奇更兼山水秀麗，引得歷代文人爭相吟詠。清初文人尤侗曾言：「夫詩家景象，莫有過於廬山者，無論疊嶂九層，重岩萬仞，即香爐一峰，珠簾一谷，便引人著勝地。何必追

62　（民國）太虛：《廬山學》，上海：泰東圖書局，1926，第53頁。

嶽麓之遺跡，搜點蒼之奧區哉！」[63]如前所述，盧山是中國田園詩的策源地。田園詩鼻祖陶淵明在盧山長期隱居，創作了大量意境優美、立意高遠的詩作，成為歷代文人所景仰的對象。此外，盧山還是中國山水詩的策源地之一。東晉詩人謝靈運、南朝詩人鮑照在盧山創作的《登盧山絕頂望諸嶠》《望石門》等著名詩篇是中國早期山水詩的代表作。「盧山自陶謝洎十八賢以還，儒風綿綿相續不」。[64]文人不僅來盧山覽勝，而且來此著書立說，弘道講學。歷史上，無數文人墨客在盧山留下大量詩詞歌賦和眾多文化遺跡。自東晉以來，有近一五○○名學者、詩人在此留下四○○○餘首山水詩歌。由於歷史悠久，文化積澱豐厚，文化名人眾多，盧山文學作為一種地域文化，它鮮明地表現出內容的異彩紛呈和形式的多樣性。[65]盧山流傳和出版過二六○多種文化、科學、藝文專著，《四庫全書》中就收錄了二十六種之多。

南唐時期，中主李璟（937-942）設立盧山國學，命國子監九經李善道為洞主。盧山國學與金陵國子監是當時全國的兩個最高學府。因而自南唐以後，盧山成為全國書院教育與儒家文化的傳播中心之一。北宋時，盧山國學擴建並改名為白鹿洞書院。南宋淳熙六年（1179），南康知軍朱熹奏請皇帝賜額，重建院舍，

63 （清）尤侗：《歸雲草序》，載吳宗慈編：《盧山詩文金石廣存》，胡迎建，宗九奇校補，南昌：江西人民出版社，1996，第 103 頁。

64 （唐）白居易：《白氏長慶集》卷第二十六，《四部叢刊》本。

65 徐效鋼：《盧山典籍史》，南昌：江西高校出版社，2001，第 158 頁。

新任洞主，制定《白鹿洞書院教條》，使之名聲大振，「天下學徒常數百人」，[66]是當時全國性的教育中心之一。白鹿洞書院與河南睢陽書院、嵩陽書院、湖南嶽麓書院並稱宋代「天下四大書院」，在中國教育史和思想史上佔有極為重要的地位，有「天下書院之首」、「海內書院第一」的美譽，是我國歷史上第一所完備的書院。北宋以來江西是理學不斷傳承發展的全國性中心區域，而周敦頤、朱熹、王陽明等一批碩儒在廬山所從事的文化教育活動使廬山更成為這個中心區域的中心。因此，現代學者胡適指出：「白鹿洞，代表中國近世七百年的宋學大趨勢」。[67]明清時期，白鹿洞書院在文化教育領域仍然發揮了巨大作用，培養的大量文人士子，受到封建統治者的格外重視。康熙二十五年（1686），康熙帝「御書『學達性天』匾額於白鹿洞書院」，[68]以示褒獎。

　　「宇宙間名山勝地，自五嶽而外首推匡廬」[69]廬山因其豐厚的歷史文化積澱與秀麗山川的完美結合成為我國最為著名的旅遊名山之一，以其剛柔兼濟的山水之美更兼佛道崢嶸，引得無數文人墨客競相登臨攬勝，是一座秀麗山水與文化魂靈完美結合的旅遊文化名山。歷史上，人們登臨廬山攬勝，詩詞文賦五○○○餘

---

66 雍正《江西通志》卷二十二《書院》，四庫全書本。

67 胡適：《廬山遊記》，上海：商務印書館，1928，第26頁。

68 （清）張廷玉等：《皇朝文獻通考》卷六十九《學校考》，四庫全書本。

69 （清）毛德琦：《廬山志·序》，《四庫全書存目叢書》，第239冊，濟南：齊魯書社，1997年版。

篇（部、首），形成摩崖石刻四〇〇多品，書畫作品不計其數。
「廬山的歷史遺跡以其獨特的方式，融匯在具有突出價值的自然
美之中，形成了具有極高的美學價值、與中華民族精神與文化生
活緊密相聯的文化景觀！」**70**歷代文人在廬山創作的大量詩歌和
散文，散見於各種文獻之中，可謂洋洋大觀。其中有一部分結集
成冊，如宋代董嗣杲的《廬山集》；清代舒夢蘭的《遊山日記》；
民國太虛的《廬山學》等。廬山深厚的文化積澱還引起一些文人
的重視，他們對之加以彙集和整理，形成一批集中展示廬山地方
文化的專著。主要代表作有：北宋陳舜俞的《廬山記》；明代桑
喬的《廬山紀事》；清代吳煒的《廬山續志》；清代毛德琦的《廬
山志》；清代蔡瀛的《廬山小志》；民國吳宗慈的《廬山志》、《廬
山續志稿》等。另外，廬山白鹿洞書院及眾多寺廟都編有志書，
記載了大量有關廬山的文化資訊，也是傳承廬山文化的重要載
體。

（五）政治軍事

1. 西方入侵

　　晚清長江流域開放，由於夏季氣候炎熱，加之疫病常常流
行，外國僑民的避暑度假需求十分旺盛。一八六一年九江正式開
埠後，廬山由於緊靠九江兼之風景秀麗、氣候清涼、傳統文化蘊
積深厚，其山麓一帶開始零星出現外國傳教士租買土地修建避暑

---

70 聯合國教科文組織評語。引自中國廬山網www.china-lushan.com。

別墅的情況。至一八八六年冬，英國傳教士李德立（E.S.Little）初來廬山，這裡「有美以美會、漢口聖公會、九江稅務司、俄國人以及九江外人團體，於山麓建別墅五椽。」[71]一八九四年，因所住別墅「常有人滿之患」，李德立計畫在廬山獅子庵、九峰寺等地購地建避暑別墅，但未獲成功。同年夏天，他與朋友來到山巔的牯牛嶺一帶考察，發現這裡環境優良、水源充足，極宜辟建避暑地。在中國傳教士戴鵠臣的撮合下，德化縣舉人萬和賡（化名萬啟勳）貪圖蠅利，將廬山牯牛嶺、長沖、高沖、女兒城、大小校場、講經台等地四五〇〇畝公共土地盜賣與李德立，得地價洋一百元。但李德立向德化縣稅契時，由於其外國人身份暴露而遭到拒絕。此後，李德立通過英國駐九江領事出面斡旋，並賄賂九江同知兼洋務委員盛富懷「飭縣用印」。[72]李德立稅契後，將牯牛嶺改名牯嶺（與英文 cooling 諧音，意為清涼世界），隨即「一面築路，一面售地」。[73]但他在廬山的開發活動激起民憤，萬和賡盜賣廬山土地之事被當地民眾告發，江西巡撫派員盡拘當事人展開訊問，由此觸發頗受外界關注的牯嶺土地案。李德立的避暑地開發計畫由此宣告擱淺。

　　一八九五年初，清政府在中日甲午戰爭中戰敗，為李德立倚仗英國侵華勢力強行獲取廬山土地帶來新的轉機。在英國駐華公

71　（英）李德立：《牯嶺開闢記》，文南斗譯，九江：廬山眠石書屋，1932，第 8 頁。

72　（民國）吳宗慈：《廬山志》[上冊]，第 401 頁。

73　（民國）吳宗慈：《廬山志》[上冊]，第 404 頁。

使的敦促下，牯嶺土地案被重新提上議事日程。江西巡撫衙門「旋接總理衙門來電，英使催辦速結，李德立欲留長沖一處，並索償被毀損失」。[74]一八九五年底，清政府廣饒九南道道台誠果泉與英國駐九江領事雷夏伯簽訂《牯嶺案十二條》，將長沖（東穀）一帶一〇二九畝土地「租與李德立建屋避暑，每年出租錢十二千文，並由公家賠償英洋四千一百十五元。牯牛嶺、女兒城、大小校場、高沖、講經台一概退還，立碑永禁租售。在押之萬啟勳等，從寬釋放。」[75]由非法盜買到「合法」強租，李德立最終倚仗母國強權攫取了在廬山開闢避暑地的特權。此後，李德立及其成立的牯嶺公司在廬山牯嶺一帶進行了系統化的避暑地開發建設，廬山從此成為蜚聲海內外的國際避暑勝地。

2. 神秘「夏都」

一九二七年，在北伐戰爭影響下，九江人民一舉收回英租界，反對帝國主義侵略的鬥爭取得了歷史性的勝利。此，蔣介石等民國要員多次上廬山開會。一九二八年四月，國民政府定都南京，時任國民政府主席的蔣介石對廬山的青睞很快將廬山開發引入一個新的歷史時期，即由本國軍政力量主導廬山開發的時期。一九二九年，李德立黯然離開廬山遠赴紐西蘭，西方人統治廬山的歷史隨之結束。但西方人前期有系統的開發為廬山發展成為國民政府「夏都」奠定了堅實的物質文化條件。廬山清涼的氣候，

---

74 （民國）吳宗慈：《廬山志》[上冊]，第 400 頁。

75 同上。

優良的生態環境，獨具特色的文化氛圍以及優越的區位條件吸引了當時中國的上流社會紛紛來山置業。除一九三五年外，自一九三二年至一九三七年期間，蔣介石夫婦每年都與國民政府高官來山避暑辦公，一九三六年甚至將行政院遷至廬山。一九三三年八月八日，蔣介石、宋美齡夫婦正式入住廬山河西路一〇八號別墅（即美廬別墅），標誌著廬山發展成為國民政府的「夏都」。據統計，從一九二六年十二月初第一次上廬山到一九四八年八月最後離開廬山，這前後十三年中，蔣介石共三十七次登臨廬山，居山時間達到七七三天**76**。一九三五年十二月三十一日，國民政府正式收回牯嶺英租借地。在國民政府和江西省政府的重視下，廬山大規模進行旅遊基礎設施和配套設施的建設，使其迅速發展成為當時中國最富盛名的旅遊勝地，更由於國民政府政要的頻繁涖山而成為南京之外的第二個全國政治中心。

　　廬山「夏都」地位的確立，使其成為國民政府軍政教育訓練的重要基地。一九三三年至一九三七年間，國民政府在廬山開辦了軍官訓練團、黨政人員訓練所、合作人員訓練所、暑期縣長訓練班、黨政軍人員混合訓練班等一系列集訓，訓練了大批軍政人員。廬山大廈、圖書館和傳習學社等一批重要建築的興建都直接服務於教育訓練的需要。由於軍政訓練的規模龐大，訓練基地擴展到山下的海會寺一帶，直接促成了海會鎮的興起。廬山軍政教

---

76 《蔣介石遇刺之謎》，引自http://hd.cctv.com/program/zbzg/topic/geography/C18966/20070718/104781.shtml。

育訓練規模之大、涉及面之廣使使廬山在當時的社會影響與日俱增。蔣介石在廬山舉辦軍官訓練團一方面是為圍剿紅軍培養軍事骨幹，另一方面則為拉攏各派系中的中層將領。民國翊勳所著《蔣黨內幕》載：「蔣介石在抗戰之前所辦的廬山「軍官訓練團」的確收極大的效果，許多地方集團的中級將領（師旅長）到廬山受了幾個月的訓，心就變了，傾向於蔣介石了。」

3. 廬山談判

一九三一年「九‧一八」事變後，中日民族矛盾逐漸凸顯。日本侵略者佔領東北後，侵華野心繼續膨脹，把侵略魔爪又伸向華北，民族危機空前嚴重。在此背景下，「一二‧九」運動、「西安事變」相繼發生。在中國共產黨的調停下，西安事變得到和平解決，蔣介石答應停止內戰，聯共抗日。

為聯合抗日，國共兩黨先後進行了五次會談，其中第三次、第四次談判是在廬山進行的。一九三七年六月四日，周恩來等人抵達廬山牯嶺，入住仙岩飯店，開始與蔣介石在廬山談判。蔣介石在牯嶺河東路十二號（今 180 號，亦稱美廬別墅）會見了周恩來等人。六月八日至十五日，周恩來與蔣介石多次舉行會談，並向蔣介石提交中共中央關於《禦侮救亡、復興中國的民族統一綱領草案》。由於蔣介石對中國共產黨的意見置之不理，這次談判沒有取得明顯的成效，但是為後續談判打下了良好基礎。此後，日軍發動的「蘆溝橋事變」使華北危在旦夕，嚴峻的戰爭形勢大大推進了抗日民族統一戰線的形成。七月八日，中共中央就發出《中國共產黨為日軍進攻蘆溝橋通電》，呼籲「平津危急！華北危急！中華民族危急!只有全民族實行抗戰，才是我們的出路」，

號召「全中國同胞、政府與軍隊，團結起來，築成民族統一戰線的堅固長城，抵抗日寇的侵掠！國共兩黨親密合作抵抗日寇的新進攻！」

七月十三日，周恩來、博古、林伯渠第二次來到廬山牯嶺，仍然下榻仙岩飯店。開始了與蔣介石的第四次艱難的談判。七月十五日，周恩來代表中共中央向蔣介石正式提交《中共中央為公佈國共合作宣言》，中國共產黨在宣言中大聲疾呼：「寇深矣！禍亟矣！同胞們，起來，一致地團結啊！……為推翻日本帝國主義的壓迫而奮鬥！」在此期間，蔣介石與汪精衛聯名邀請全國各界名流來廬山舉行談話會，共同商討如何應對日益嚴峻的戰爭形勢。七月十六日，全國各界名流共有一五八人參加第一期廬山談話會，與會代表均佩戴「五老峰徽章」。十七日上午，蔣介石在廬山發表談話，表明了抗戰的立場：「地無分南北，年無分老幼，無論何人，皆有守土抗戰之責任，皆應抱定犧牲一切之決心，全國應戰以後之局勢，就只有犧牲到底，無絲毫僥倖求免之理。」[77]七月十八日，周恩來將所擬的關於談判的十二條意見，通過宋美齡轉交蔣介石。七月十九日，《中央日報》以社論名義全文刊載了蔣介石廬山談話，題名為《最後關頭》。蔣介石這篇談話措辭強硬，表現了團結抗日的決心。毛澤東認為蔣介石的談話「確定了準備抗戰的方針，為國民黨多年以來對外問題上的第

[77] （民國）吳宗慈：《廬山續志稿》卷首《特載》，江西省廬山地方誌辦公室印，1992，第 23 頁。

一次正確的宣言。」**78**

　　由於時局緊張，七月二十日蔣介石離開廬山返回南京，周恩來等人也隨後下山。此後，中國工農紅軍接受改編，與國民黨並肩抗日。九月二十二日，國民黨中央通訊社發表《中共中央為公佈國共合作宣言》，二十三日，蔣介石就中國共產黨宣言發表談話，作出了與「全國國民徹底更始力謀團結，共保國家之生命與安全」的諾言，表達了團結禦侮的必要性，並實際上承認了中國共產黨的合法地位。中國共產黨的《中共中央為公佈國共合作宣言》和蔣介石談話的發表，宣告國共兩黨第二次合作的實現，標誌著由中國共產黨宣導和推動的以國共合作為主體的抗日民族統一戰線的正式形成。

4. 廬山抗戰

　　作為國民政府的「夏都」，廬山在抗戰過程中經歷了血與火的洗禮。一九三三年，任國民黨軍事委員會委員的抗日名將馬占山來廬山，參觀岳母墓後，愛國情感激蕩，同時更感動於著名文人陳三立為抗日救國絕食而死的義舉，於是在陳三立住過的松門別墅外岩石上題刻了著名的抗日詩篇──《游匡廬有感》，其詩云：「百戰賦歸來，言游匡山麓。愛此嶔崎石，狀如於菟伏。摩挲舒長嘯，狂飆振林木。國難今方殷，國仇猶未複。禹跡遍荊榛，恐汝眠難熟。何當奮爪牙，萬里飛食肉。」馬占山的詩實際上成為後來廬山抗戰精神的真實寫照，給中國人民以巨大的鼓

78 劉紅：《蔣介石大傳》，北京：團結出版社，2001，第 1002 頁。

舞。

　　盧山是國民政府抗戰言論的主要發佈地之一，全國乃至世界的目光一度聚焦牯嶺。為應對緊張局勢，一九三七年七月二十八日，第二期盧山談話會在盧山圖書館召開。七月二十九日，北平淪陷。蔣介石、宋美齡在盧山接見中外記者，表示承擔戰事失敗的責任，號召全國堅持抗日。七月三十一日，蔣介石又在盧山發表《告抗戰全軍將士書》，表示「現在，和平既然絕望，只有抗戰到底。那就必須不惜犧牲來和倭寇死拼。」一九三八年五月二十日，宋美齡召集四十九位全國各界婦女工作者在盧山參加「婦女談話會」，中共代表鄧穎超、救國會代表史良以及社會名流李德全等到會。與會者在盧山討論了戰時婦女工作問題；如何動員婦女群眾；如何鼓勵婦女參加生產事業；改善婦女生活問題；婦女團結聯絡等問題。這次談話會為期五天，作出了兩項重要決定，一是新生活運動婦女指導委員會改組擴大為領導全國婦女救亡運動的統一領導機構；二是通過了《動員婦女參加抗戰建國工作大綱》，作為今後婦女運動的共同綱領。會後發表了《告全國女同胞書》，號召全國婦女聯合起來，共同抗擊日本侵略者。盧山婦女談話會的召開對動員廣大婦女團結抗戰起了重要作用。[79]

　　一九三七年十二月十三日，日軍攻陷南京，國民政府遷都重慶，但武漢成為當時的軍事政治中心。於是，日軍溯江西進，九

---

79 汪國權：《盧山「夏都」紀事》，南昌：江西高校出版社，2003，第177頁。

江地區成為克制敵軍西進的戰略要地。蔣介石撤退後，令第六十六軍駐守廬山。一九三八年六月二十六日，日軍一舉攻克長江天險——馬壋要塞，進入贛北地區，前鋒直逼廬山。七月二十一日，國民黨第九戰區司令長官陳誠在廬山蓮花洞召開師長以上會議，討論作戰部署。七月二十四日，日軍一〇一師團進攻九江，對薛岳、張發奎所部形成鉗形包圍。為保存實力，陳誠令胡家位率江西保安第三團、十一團掩護薛岳、張發奎兩大兵團撤退，然後退守廬山。此後，日軍沿南潯鐵路南下，廬山被日軍三面包圍。一九三八年九月底，薛岳調六十六軍支援德安萬家嶺戰役。萬家嶺戰役取得空前勝利，殲滅日軍萬餘人，但胡家位率領的江西保安第三團、十一團二〇〇〇餘人卻成為據守廬山的「孤軍」。於是，薛岳請擅長游擊戰的楊遇春赴廬山擔任「孤軍」總指揮，領導廬山軍民抗戰。

楊遇春上山后，一面加緊佈防，一面疏散群眾。他屢次率部襲擊日軍、剷除漢奸，成效卓著。廬山孤軍自一九三八年七月二十六日退守廬山，至一九三九年四月十七日奉命轉移，在廬山固守八個月又二十三天，前後進行戰鬥達二〇〇餘次。同時，劉為泗領導的中共贛北抗日游擊隊也活躍在廬山腳下，有力配合了廬山守軍作戰。全國各界給予了廬山孤軍精神與物質的大力支持。一九三八年八月，時任保安處少將副處長的蔣經國，得悉山上給養缺乏的消息後，親自率領運輸隊穿過崎嶇山路，把東西送上山。蔣經國在廬山舉行了升國旗儀式，並進行了慷慨悲壯的訓話，給守山將士們予極大的精神鼓舞。

一九三九年三月，由於武漢、南昌、廣州相繼淪陷，廬山外

來物資供應全部斷絕。四月，日軍不斷加強攻勢。經過與敵激戰，四月十八日楊遇春奉命率部突圍，牯嶺遂被日軍佔領。在日軍佔領的六年多的時間中，盧山遭到前所未有的破壞。敵人殺戮山民二九七一人，毀壞房屋四八〇棟，砍伐、燒毀樹木十餘萬株，劫走大批珍貴文物。[80]但盧山抗戰活動並未停止，一九三九年春成立的盧山抗日游擊隊在盧山一帶長期堅持與敵人進行了艱苦卓絕的鬥爭。

（六）科技文化

盧山風景秀麗，環境清幽，是純良的教育環境，歷代可謂「儒術光昌而文教蔚起」。以白鹿洞為代表的中國傳統書院教育在盧山曾盛極一時，使盧山成為宋明以來儒家學說不斷向外衍播的文化中心。二十世紀初，在西學東漸的大趨勢下，盧山地區的教育文化事業發生了深刻的變革，傳統書院教育漸次走向衰敗。一九〇三年，九江府屬各縣「書院」相繼改為「縣立高等小學堂」。白鹿洞書院停辦，學田、館舍歸九江府中學堂經管。新式學堂的創建標誌著盧山傳統書院教育及其輝煌歷史的終結。

近現代盧山開發客觀上促進了這一歷史性變革，推動了盧山地區近現代教育體制的確立。教會學校在中西文化交流中成為基督教文化與現代西方文明的傳導者。西方傳教士也都自覺不自覺

---

80 汪國權：《盧山「夏都」紀事》，南昌：江西高校出版社，2003，第213-215頁。

地充當了西方文化傳入的媒介[81]。一八六八年，美國強迫清朝簽訂的《中美續增條約》規定：「美國人可以在中國按約指准外國居住地方設立學堂，中國人亦可以在美國一體照辦。」[82]這為教會在盧山設立學校提供了條約保障。隨著牯嶺避暑地的繁榮和在山外籍人士的增加，教會開始在盧山興辦教育，將西方教育理念與教育方式傳入盧山。一九〇六年，教會首先在盧山租借地內創辦了英美學校。一九一六年，教會又先後在盧山租借地內創立美國學校、英國學校、法國學校，吸收湖南、湖北、河南、貴州、江西等地外籍傳教士子女就讀。與其他地方教會學校不同，盧山的教會學校最初只是為解決盧山外籍居民子女就讀而創立的，是牯嶺避暑地的重要配套設施。但隨著盧山中國居民的大量增加，教會意識到必須在中國人中培養一批為傳教事業服務的人才，於是盧山教會學校教育逐漸開始面向中國人。一九三一年冬，教會又在盧山創辦了匡盧小學，專收中國兒童入學。

教會學校儘管存在許多缺陷，如宗教課程過重等問題，但它畢竟傳播了西方近現代科學文化，引進了西方近現代教育制度，與中國舊式書院和府學、縣學等其他教育機構相比有其先進性。因此，在封建教育崩潰、近現代教育制度建立的過程中，教會學校在盧山發揮的影響是不可忽視的。課程設置完備，教學方法多

81 吳洪成：《傳教士與中國教育的近代化》，《高等師範教育研究》，1997年第2期。

82 陳景磐：《中國近代教育史》，北京：人民出版社，1979，第74頁。

樣，設施設備齊全的西式教育的快速發展使廬山又一次成為區域性的教育文化中心。美國學校是廬山影響最大的一所教會學校。其課程體系按照美國中學的一般要求設置，學校設備先進，功能齊全，圖書館藏書達八〇〇〇冊。一九三六年，牯嶺美國學校的規模和影響力已使其成為外國人在華中一帶的重要學府。教會學校在廬山辦學過程中注重利用先進設備配合教學，提倡實驗及教學實習相結合的教學方法，並將體育運動列入正式課程。

教會學校在廬山的發展對地區教育文化事業的發展起到重要的示範和帶動作用。一九一〇年，九江提學司王同愈在白鹿洞書院遺址，開辦江西森林學堂，此舉開九江職業教育之先導。此後，九江縣立區學校——簡易初等小學以及李一平在廬林創立的私人小學等一批新式學校相繼在廬山興起。這些學校開設的西學課程程度較深，學科門類也比較齊全，使學生能夠系統掌握西方近代社會科學和自然科學知識。廬山優良的教育條件與先進的辦學理念吸引了南京、廣東等地區的學生來廬山就讀。廬山的新式教育引起江西、廣東、四川、山西等地教育行政部門的重視，紛紛派出教育參觀團前來考察學習，「作改善農村教育的借鑑」。[83]

二十世紀三〇年代，「夏都」的特殊地位進一步促進了廬山教育事業的發展。廬山形成濃厚的文化氛圍，幾乎隨處可以聽到悅耳的鋼琴聲在山間回蕩。優良的教育環境促進了廬山早期修學

---

83 江西省星子縣誌編纂委員會：《星子縣誌》，南昌：江西人民出版社，1990，第374頁。

旅遊活動的開展，廬山成為當時知名的教育培訓名山。一九三四年，江西省教育廳為輔助青年補習基本學科並指導其生活，在廬山創辦了「暑期補習學校」。學校的課程的設置在很大程度上借鑑了教會學校的課程設置，除開設國文、英語、算術、音樂、常識等基本科目外，還組織學生參加民族歌詠、看教育電影、成績展覽會、口琴隊、話劇表演、旅行、野餐等課外活動，十分注重學生的綜合素質鍛煉。抗戰爆發前，廬山「暑期補習學校」共舉辦了三屆。從其活動內容看，「暑期補習學校」在廬山開展的教育活動屬於真正意義上的現代修學旅遊範疇。三〇年代，類似「暑期補習學校」開展的修學旅遊活動在廬山較為普遍，參與主體主要是上海、武漢、南昌等地的學生和教師。一九三四年，江西省教育廳還在廬山首次舉辦了以促進學術研究為宗旨的「廬山暑期學術講習會」，設立英文、數理、化學、教育、體育、博物、文史地和藝術等八個小組，聘請各領域專家和社會名流為講師，組織開展討論和交流。這項活動社會影響頗大，抗戰勝利後仍得以延續，並引起蔣介石的重視。一九三四年廬山圖書館落成和一九三五年國民黨五大會議決定在廬山設立「廬山中正大學」，顯示了國民政府把廬山建成教育文化中心的決心。一九三七年，國民政府教育部為改進中等教育又決定在廬山設立「全國中學校長暑期訓練班」。上述情況表明，抗戰前廬山已經成為長江中下游重要的教育培訓中心。

　　近現代廬山開發過程中，文化事業也隨著社會對廬山的關注程度的提升而迅速發展起來。李德立在牯嶺成功闢建避暑地引起在華外國人的極大興趣，因此李德立不僅到各地教會發表演說，

大造輿論，而且於一八九九年在上海出版了《The story of Kuling》（中譯本名《牯嶺開闢記》）一書，介紹他在廬山的開發活動。這是近現代第一部專門介紹廬山的書。牯嶺避暑地的繁榮促進了廬山文化事業的進一步發展。一九一八年，出現了第一部反映廬山風光的電影《廬山風景》。此後，介紹廬山的各類書籍層出不窮，如《Historic Lushan》（Albert Hstone，1921 年）、《廬山志》（吳宗慈，1933 年）等。康有為、陳三立、胡適、徐志摩等一大批文化名流也紛紛來廬山觀光考察，他們在此也多有撰述。文化名流的頻繁到訪，使廬山更添文化神韻，並營造出一系列重要的人文景觀。同時，廬山還形成了以吳宗慈、李拙翁等為首的以研究廬山文化為己任的文人團體。這批文人在廬山的活動對於挖掘廬山歷史文化內涵，保護和營造人文景觀起到非常重要的作用。三○年代，廬山管理局在廬山大力進行文化建設，在山上裝設無線電收音廣播，組織廬山音樂委員會，並發起國際游泳賽、國際田徑運動比賽、國際足球賽等一系列大型體育活動。對文化事業的重視和眾多文化名人到訪使廬山形成濃厚的文化氛圍。一九三八年諾貝爾文學獎得主美國著名作家賽珍珠的文學創作生涯就是在廬山開始的，是廬山優良的教育和文化環境將她引向了神聖的文學殿堂。

廬山的高度繁榮也引起科學界的高度關注。二十世紀三○年代，李四光、胡先驌、秦仁昌、陳封懷等一批國內著名科學工作者相繼來廬山從事科學研究工作。一九三一年，李四光開始對廬山冰川進行長期細緻的考察研究工作。一九三七年，他撰寫了著名的《冰期之廬山》，認為廬山是「中國第四紀冰川的典型地

區」，在國內外地理學界引起轟動。《冰期之盧山》一書為中國第四紀冰川學的建立，從理論到實踐，初步奠定了基礎，被中國絕大多數第四紀冰川工作者奉為典範。一九三四年，中國植物分類學之父胡先驌和秦仁昌、陳封懷等在盧山創建「盧山森林植物園」，以從事植物學研究和培養植物學人才為己任。當時，盧山植物園占地面積近萬畝，為亞熱帶山地最理想的園地，也是我國當時最大的植物園。胡先驌創建盧山植物園得到了當時學界名流和社會政要的廣泛支持，苦心經營數年後，盧山森林植物園便成為我國研究園林植物的重要基地，同時也為我國培養了一批優秀的植物學人才。盧山科學事業的異軍突起首先應歸功於其優良的文化環境和社會條件。研究者們在這裡得到了從事科學研究必要的自然基礎條件，同時又有能夠得到較好的物資供應和社會保障，但更重要的是盧山的文化氛圍吸引了他們並堅定了他們在這裡展開科學研究的信念。一批一流科學家的到來使盧山成為當時國內科學研究重鎮，得到當時國民政府的高度重視，並對之採取了一定的扶持政策。一九三四年八月中國科學社第十九屆年會在盧山召開，國內一流科技專家學者雲集盧山，表明盧山科學研究事業的發展引起了當時中國科學界的普遍關注。

三、風景名勝

（一）東林寺

　　東林寺位於盧山西北麓，是盧山歷史最為悠久的寺廟之一。東晉太元年間北方戰亂，大量僧侶紛紛南下。太元二年（377），

慧永和尚南下,「潯陽刺史陶范留之憩廬山,舍宅棲止之,乃創寺曰西林」[84]。太元六年(381),慧永的師弟慧遠南下途經廬山,應慧永之邀駐西林寺。太元十一年(386),因慧遠弟子日眾,西林寺漸至容納不下,江州刺史桓伊在西林寺旁建東林寺為其道場。慧遠「少為諸生,博綜六經,尤善《莊》、《老》」[85]。他在東林寺住持三十六年,「影不出山,跡不入俗」,融合儒道闡釋佛法,以其超凡的人格魅力和卓越的佛學思想成為當時中國佛教界的領袖人物。東晉元興元年(402),慧遠、慧永、劉遺民、周續之等僧俗一二三人在東林寺共結蓮社,倡念佛三昧法門,共期往生彌陀淨土,是為中國結社念佛之始。慧遠精於禪觀,專於念佛,其佛學思想對「中國『佛教化』,佛教『中國化』」[86]進程產生深遠影響。「西土諸僧咸稱漢地有大乘開士,每東向致禮,獻心廬嶽,及佛馱跋陀羅至,師即請出禪數諸經,於是禪戒典出自廬山幾至百卷。」[87]因此,「迨東晉末,山之南

84 (元)釋覺岸:《釋氏稽古略》卷二,《文津閣四庫全書》第 351 冊,第 25 頁。

85 (南朝)釋慧皎:《高僧傳‧釋慧遠傳》,載《高僧傳合集》,上海:上海古籍出版社,1991,第 37 頁。

86 1928 年,著名學者胡適考察廬山,在其遊記中深刻地指出:「慧遠的東林,代表中國『佛教化』,佛教『中國化』的大趨勢。」參見胡適:《廬山遊記》,上海:商務印書館,1928,第 26 頁。

87 (元)陶宗儀:《説郛》卷五十七,載《文津閣四庫全書》第 291 冊,第 270 頁。

北名剎疊興」,「然後廬山之勝昭著人耳目矣。」[88]

　　南北朝時期,由於社會動盪,民生困苦,慧遠所宣導的彌陀淨土信仰迅速向民間擴散,吸引了大量信眾。歷代僧徒、士人亦追慕慧遠遺風,使結社念佛之風代代相沿。唐代善導、法照、少康等高僧與文人士大夫紛紛效仿慧遠結社念佛。天寶年間,高僧鑒真第五次東渡日本失敗後途經東林寺,與東林寺僧人智恩志同道合。鑒真第六次東渡日本時,智恩與之同行,將淨土教義傳入日本。唐貞元年間,李涉隱居廬山讀書就曾參與結社活動,並有詩云:「如今再結林中社,可羨當年會裡人。」[89]廣泛的民間信仰基礎使東林寺寺宇宏大,香火旺盛。書法家李邕在《東林寺碑文》中描述了當時的盛況:「繚垣雲連,廈屋天聳。如來之室,宛化出於林間。帝釋之幢,忽飛來於空外。」[90]會昌法難,「(東林)寺與林木並系戶部毀賣」,但數年後很快得到復興,「刺史崔黯為捐私錢以倡施者,搢紳從者數百人」。[91]

　　宋代,淨土思想的廣泛流布使佛教日益世俗化,民間結社念佛之風更盛。高僧大德組織的念佛社往往得到士大夫的參與乃至

88 (清)毛德琦:《廬山志》卷一,《祀典》,載《四庫全書存目叢書》第 239 冊,濟南:齊魯書社,1996,第 583-584 頁。

89 (唐)李涉:《游西林寺》,《御定全唐詩》卷四百七十七,載《文津閣四庫全書》第 476 冊,第 609 頁。

90 此碑立於唐開元十年(722),現存東林寺中。

91 (宋)陳舜俞:《廬山記》卷二,載《文津閣四庫全書》第 194 冊:第 377 頁。

朝廷的支援。「白蓮種出盡無塵，千古風流社裡人。」[92]黃庭堅
的詩表達了當時士人對慧遠等人結社的仰慕之情。北宋初年，盧
山東林寺規模之巨能容「鐵羅漢像五百頭」。[93]太平興國三年
（978），宋太宗「改盧山東林為太平興國寺，西林為乾明寺，通
玄寺為太平觀。」[94]以當朝年號為其寺名，亦見統治者對東林寺
的推重之意。其後，宋真宗又「取盧山東林寺《白居易集》，命
崇文院寫校，包以斑竹帙送寺。」[95]帝王的青睞使東林寺更趨繁
盛。至南宋時，東林寺「閣極天下之壯麗，雖閩浙名剎不能
逮。……寺極大，連日遊歷猶不能遍」。[96]周必大在《盧山後錄》
中也說：「是寺最為古剎，而兵火中巋然獨存。入門，樓閣華
煥，宛如仙宮。」[97]

　　元代帝王的崇佛傾向使全國佛寺大興，白蓮教得到統治者的

92 （宋）黃庭堅：《東林寺二首》，載江西省盧山風景名勝區管理局編：
《盧山歷代詩詞全集》第2冊，上海：上海古籍出版社，2010，第 1000
頁。

93 （元）脫脫：《宋史》卷二百六十《曹翰傳》，北京：中華書局，
1997，第 9014 頁。

94 （宋）曾鞏，《隆平集》卷一，載《文津閣四庫全書》第 127 冊，第
757 頁。

95 （清）王士禎：《香祖筆記》卷十二，載《文津閣四庫全書》288 冊，
第 326 頁。

96 （宋）陸遊：《游盧山東林記》，載張成德等編：《中國遊記散文大系·
江西卷》，太原：書海出版社，2002，147 頁。

97 （宋）周必大：《盧山後錄》，載張成德等編：《中國遊記散文大系·
江西卷》，第 113 頁。

扶持與獎掖。白蓮教由南宋僧人子元創立的佛教白蓮宗發展而來。白蓮宗教義源於淨土宗，崇奉阿彌陀佛，宋高宗時因其在民間發展迅速而引起統治者警覺一度遭到禁止，子元被流放到江州（今九江），教團也被解散。元代，由於東林寺住持普度的努力，白蓮宗在廬山得以復興。普度著有《蓮宗寶鑒》一書並受到元廷嘉許。此時白蓮宗滲入了彌勒下生說，逐漸轉為崇奉彌勒佛，改稱白蓮教。元代白蓮教地位的提升使東林寺成為白蓮教的精神聖地。元貞元年（1295），成宗恩賜東林寺為「白蓮宗善法堂，護持教法」，隨後又賜住持悅堂祖闡和尚璽書及「通慧大師白蓮宗主」尊號。大德五年（1301），成宗又「頒降御香金闈到寺」。[98]元廷的極力推崇使東林寺在廬山形成一寺獨尊的局面。

就其規模和影響而言，東晉以來東林寺無疑曾長期處於廬山佛教信仰中心的地位。不過，在元末戰亂中東林寺被夷為一片廢墟。

明朝立國之初，朱元璋十分重視宗教「陰翊王度，暗理王綱」的作用，對正統宗教採取了積極的扶持政策。各地佛教寺院「兵燹之餘，隨為創復，名藍森列，燦然重輝。其宸翰之昭宣，規畫之頒佈，凡以振法乘而護學人者，犁然具舉也。」[99]在這一大背景下，廬山眾多寺廟也得到修復，佛教文化開始復興。洪武

---

98 轉引自任宜敏：《白蓮宗的興衰及其與白蓮教的區別》，人文雜誌，2005 年第 2 期，第 113 頁。

99 （明）葛寅亮：《金陵梵剎志》，載《續修四庫全書》第 718 冊，第 405 頁。

六年（1373），祖觀和尚重建東林寺。由於地處南北交通孔道，歷史上東林寺曾幾遭兵燹，但深厚的佛教文化積澱與廣泛的信仰基礎使其又幾度得到振興。然而，明初東林寺修復後並未重新繁榮起來。

萬曆年間桑喬所撰《廬山紀事》載：「遠公塔相傳其墓門在塔南階下。永樂中有人開之，見遠兀坐，其貌如生焉。」[100]這一情況表明，至永樂年間東林寺仍未重現往日輝煌，甚至連其佛教精神的象徵——遠公塔也遭人破壞。嘉靖時王世貞所見也是：「周益公、陸務觀所誇殿堂鐘樓之盛，為兵燹奪，當無幾存矣。……溪亦多淤塞，下有深草，暗流時伏。……西林寺、遠公塔皆在望，顧其荒落，興盡不欲往，乃就輿行。」[101]稍後來廬山的著名旅行家徐霞客在其遊記中也記載了東林寺「正殿夷毀」的景象。清康熙《九江府志》載：「（海賢）遊廬山，愛東林居之。見遠公所遺千僧鍋埋歿荊棘中，心傷之。」[102]上述情況表明，明初修復後的東林寺不僅規模狹促，而且呈現日益沒落的景象。

有明一代，東林寺未能有宗風重振的機會，這並非自然衰亡的結果，而是明初國家宗教政策的產物。桑喬在《廬山紀事》中

---

100 （明）桑喬：《廬山紀事》卷十一《東林寺》，臺北：成文出版社有限公司，1989，第637頁。

101 （明）王世貞：《游東林天池記》，載《中國遊記散文大系·江西卷》：第157頁。

102 康熙《九江府志》卷十《仙釋》，臺北：成文出版社有限公司，1989，976

論及其原因是「遠乃謂沙門不當盡敬王者，此三代英君又辟所必誅絕，乃像而祀之何居？」[103]慧遠著《沙門不敬王者論》至明代已相隔近千年，似乎不應又開罪於統治者。顯然這一說法背後隱藏了東林寺衰敗的現實政治原因。這很容易令人聯想到宋元以來白蓮教與東林寺的複雜淵源關係。[104]正如《澱山白蓮》詩云：「澱山湖裡白蓮根，元是廬山正派分。東晉一花呈瑞後，千枝萬葉遍乾坤。」[105]元末白蓮教與明教相聯結，在農民戰爭中充當了重要角色。明朝立國後，這些民間秘密宗教組織勢力依然十分強大，是威脅新興王朝統治的重要力量。因此，朱元璋對之進行了嚴厲禁止和殘酷鎮壓。朱元璋曾言：「江西有等愚民，……一概念誦『南無彌勒尊佛』，以為六字，又欲造禍，以殃鄉里。」[106]《大明律》規定：「妄稱彌勒佛、白蓮社、明尊教、白雲宗等會，一應左道亂正之術，或隱藏圖像，燒香聚眾，夜聚曉散，佯修善事，扇惑人民，為首者絞，為從者各杖一百，流三千里」。[107]在

---

103 （明）桑喬：《廬山紀事》卷十一《東林寺》，第 645 頁。

104 關於東林寺與白蓮教的內在關聯，前人已有較多研究。參見閔麗：《正統宗教向民間秘密宗教演變的原因和路徑——以元代白蓮教信仰嬗變為例的分析》，《華中科技大學學報》（人文社會科學版），2002 年第 4 期；任宜敏：《白蓮宗的興衰及其與白蓮教的區別》，人文雜誌，2005 年第 2 期。

105 （元）果滿：《廬山白蓮正宗曇華集》，載楊訥《元代白蓮教資料彙編》，北京：中華書局，1989 年版，第 237 頁。

106 （明）朱元璋：《御制大誥三編·造言好亂》，載《續修四庫全書》第 862 冊，第 331 頁。

107 《大明律》卷十一《禮律·祭祀》，載《大明會典》，揚州：江蘇廣陵古籍刻印社影印本，1989，第 2306 頁。

這種高壓政策下，各地白蓮教、明教轉入秘密地下活動。毫無疑問，作為元末白蓮教精神信仰聖地的東林寺在這場鬥爭中受到嚴重衝擊。戰火中被毀的寺廟殿堂尚可重建，但被排斥在新興王朝的規制之外，其衰敗則為必然。可見，東林寺與白蓮教的現實關聯才是統治者對之「所必誅絕」的真正原因。清人鄭熊佳有詩為證：「由來勝跡凋零易，自古名流禍患深。一撤皋比清議散，空留黨籍未銷沉。」[108]

始於東晉、盛於宋元的結社念佛之風也是明代統治者十分敏感的一種社會現象。明朝開國重臣宋濂曾在《匡廬結社圖記跋》中寫到：「當是時晉室日微，上下相疑，殺戮大臣如刈草菅。士大夫往往不仕，托為方外之遊。如元亮、道祖、少文輩皆一時豪傑。其沉溺山林而弗返者，豈得已哉？傳有之：群賢在朝，則天下治；君子入山，則四海亂。」[109]結社念佛被明代統治者在一定程度上視為「四海亂」的徵兆而嚴加防範。同時，僧徒與士人參與的結社念佛活動往往與白蓮教在民間組織的白蓮社摻雜一起，真假莫辨，這顯然與新興王朝維護社會穩定的政治需要不能相通。在國家嚴行鎮壓民間秘密宗教的政策之下，遊走於正統宗教與民間秘密宗教之間的尷尬地位使東林寺日漸衰敗並失去了廬山佛教信仰中心的地位。晚明陳昂有詩云：「欲尋神運殿，一徑盡

---

108 （清）鄭熊佳：《東林寺》，載（民國）徐世昌編：《晚晴簃詩匯》卷八十九，天津退耕堂民國十八年刻本。

109 （明）宋濂：《匡廬結社圖記跋》，康熙《九江府志》卷十五《藝文》，第 1879-1880 頁。

莓苔。鐘響日先落，溪荒月少來。大都身後事，難免劫餘灰。千
載相逢晚，白蓮不再開。」**110**文德翼亦有詩云：「山僧寺裡徑開
田，池底荒蕪不種蓮。」**111**

　　明清易代之際，東林寺又遭戰火破壞，寺院荒蕪，殿宇破
敗。清初文人王庭所見景象是「數椽居佛古，一榻伴僧稀」。**112**
清順治十三年（1656），僧照忍、采善募修五如來殿。康熙五年
（1666），僧宗微募修遠公影堂。咸豐年間，九江兵巡道蔡協吉
重修東林寺般若台、虎溪橋、三笑亭、白蓮池、無量殿、神運殿
等建築，東林寺一度出現中興氣象。但東林寺在隨後的太平軍與
清軍的戰爭中再度遭到嚴重破壞，寺內般若台、白蓮池、虎溪
橋、三笑亭、無量殿、神運殿等大部分建築被毀。清末，東林寺
稍有修復，但已經難以恢復舊觀了。光緒十五年（1889），康有
為第一次來廬山遊歷，東林寺景象荒涼，鎮寺之寶唐代大書法家
柳公權的《複東林寺碑》竟然在廚房地上得以發現。三十八年
後，一九二六年七月，康有為第三次來廬山在詩中寫道：「虎溪
久衰已無橋，壞殿頹垣太寂寥」，可見東林寺在清末民初仍然沒
有恢復的跡象。抗戰期間，中國軍隊在老虎山、孔家山一帶構築

110 （明）陳昂：《夏日東林寺》，載（清）錢謙益編：《列朝詩集》丁集
　　　第十，宣統二年重刻本，臺北：成文出版社有限公司，第 33 頁。

111 （明）文德翼：《秋杪宿東林寺四絕句》，載談金會編注：《廬山東、
　　　西林寺歷代詩選》，北京：中國文史出版社，1991，第 201 頁。

112 （清）王庭：《夜過東林寺即景》，載談金會編注：《廬山東、西林寺
　　　歷代詩選》，北京：中國文史出版社，1991，第 204 頁。

防線，東林寺在防線之外，因此未遭戰爭嚴重破壞。日軍醫務所
曾設在東林寺內，寺中僧侶逃散殆盡。

　　總體看來，儘管明代以降，東林寺處在長期的沒落景象之
中，但其作為佛教淨土宗的發祥地，在盧山乃至全國佛教界仍然
有著舉足輕重的地位，是歷代僧侶所仰慕的淨土聖地。同時，由
於東晉高僧慧遠幽隱盧山，融通儒、道闡釋佛法的千古高風為歷
代文人所追崇，東林寺又成為具有強大文化聚合力的遊覽勝地，
歷代文人吟詠可謂洋洋大觀，是盧山文化的重要組成部分。

（二）太平宮

　　太平宮位於盧山蛇崗嶺南，與東林寺相距不遠，最初為唐明
皇所建九天使者廟。九天使者的稱謂源自道教傳說，《雲笈七籤》
載：「（黃帝）察四嶽並有佐命之山，而南嶽獨孤峙無輔。乃章
詞三天太上道君，命霍山、灊山為儲君。奏可，帝乃自造山躬寫
形像連五圖之後，又命拜青城為丈人，署盧山為使者。」[113]九天
使者廟的出現則與唐玄宗的一段故事有關。《錄異記》云：「唐
開元十九年八月二十一日，玄宗夢神仙羽衛千乘萬騎集於空中。
有一人朱衣金冠乘車而下，謁帝曰：『我九天採訪，巡糾人間，
欲於盧山西北置下宮，木石基址素具，但須上力耳。帝即遣中使
詣山西北，有基址宛然，信宿巨木數千段自然而至，堂殿廊宇，

113　（宋）張君房：《雲笈七籤》卷七十九《符圖‧五嶽真形圖》，四庫
　　全書本。

隨類至木，皆得足用。」[114]於是，唐玄宗令江州刺史獨孤及主持
修建九天使者廟。「明皇以繆篆親書額賜之，曰『九天使者之
廟』」。唐玄宗還下旨：「青城山丈人廟、廬山使者廟宜准五嶽真
君廟例，抽德行道士五人焚修供養。」[115]在此背景下，當時九天
使者廟宮觀堂皇，香火旺盛。應該說，廬山正式進入國家秩祀行
列始於唐代。因此，明人桑喬在《廬山紀事》中說：「其（廬山）
秩祀始於元封，幽勝著於太元，祠廟盛於開元。」[116]

　　五代時，廬山使者廟改名通玄府。至北宋，又以當時年號改
名太平興國觀。熙寧二年（1069），朝廷下令在各地較大的宮觀
中置管勾及提舉提點官，以安置一些官員，即所謂「寓祿」。宣
和六年（1124），徽宗改太平觀為宮，「時道流常三數千人，崇
軒華構，彌山架壑，毀而復興，其所糜費，不可勝紀」。[117]南宋
初年，李成在廬山聚眾為盜，對太平宮破壞很大，「宮室焚蕩無
餘」。[118]因此，南宋時期太平宮略顯蕭條，但仍不失為一處仙宮
大觀。著名文人周必大《廬山後錄》載：

114 （宋）陳舜俞：《廬山記》卷二《敘山北篇第二》，四庫全書本。

115 （唐）李玭：《太平宮九天使者廟碑》，雍正《江西通志》卷一百二十
《藝文碑碣一》，四庫全書本。

116 （明）桑喬：《廬山紀事》卷一《通志·山紀》，第33頁。

117 （明）桑喬：《廬山紀事》卷十《山北自分水嶺東北行至潯陽江·太
平宮》，第552頁。

118 （宋）陸遊：《游廬山東林記》，載張成德編《中國遊記散文大系·
江西卷》，第146頁。

　　次至太平興國宮，街衢門闕，氣象清華，劉越石高三四尺，根植地中。在宮門之外，仙鄉亭廢矣。宮倚聖治峰，正殿惟設採訪使者像，其後乃太上本命殿，兩廊繪使者變相儀衛，次以五百靈官。又其後有雲無心堂，臨流水可愛。道士皆星居，有劉烈者，號虛谷先生，嘗進《易解》云。」[119]

　　隨後，陸游也到太平宮遊覽，見「採訪殿前有鐘樓，高十許丈，三層，累磚所成，不用一木，而檐桷翬飛，雖木工之良者不能加也。但鐘為磚所掩蔽，聲不甚揚，亦是一病。觀主胡思齊云：『此樓為費三萬緡，鐘重二萬四千餘斤，又有經藏亦佳，扁曰雲章瓊室。』」[120]

　　元末，太平宮在戰亂中被毀。明洪武二年（1369），道士江梅高複建。嘉靖年間，「楊家穴人以爭立許旌陽廟訟諸官，知府鐘卿使送旌陽像於太平宮以息其爭。由是江南北人無遠近，咸走太平宮進香，曰『朝許真君』，施捨填委，宮遂驟富」。[121]當時建起殿宇三重，房屋十三間，內有鐘鼓樓二座，大鐵鍋一口，璿璣玉衡一架。宮內有羅洪先題「仙家詠真第八洞天」、田汝麟題

119　（宋）周必大：《廬山後錄》，載張成德編：《中國遊記散文大系‧江西卷》，第 113 頁。

120　（宋）陸遊：《游廬山東林記》，載張成德編《中國遊記散文大系‧江西卷》，第 146-147 頁。

121　（明）桑喬：《廬山紀事》卷十《山北自分水嶺東北行至潯陽江‧太平宮》，第 552 頁。

「敕建太平興國宮」、陳洪濛題「太平宮」三匾。清咸豐間太平軍戰亂中太平宮再毀，後來鄉人重建真君殿，但往昔繁華景象已不復再現。太平宮附近還有寶石池、劉仙石、墨仙泉、白玉蟾丹井、馴鹿場、匡山精舍、太平橋和詠真洞等一批名勝古跡可供遊觀。

（三）天池寺

天池寺位於盧山西部的天池山頂，初為晉僧慧遠所建，原名峰頂寺，宋嘉定年間文止和尚重建，改稱天池院。陳舜俞《盧山記》載：「佛手岩三里至天池院，一名羅漢池。池在山頂，大旱不為之竭。……其西有羅漢把針岩、四祖坐禪石、文殊亭。」[122] 朱熹曾有詩云：「竦身長林端，策足層崖表。仰瞻空界闊，俯歎塵寰小。天池西嶔崟，佛手東窈窕。杖履往復來，憑軒瞰歸鳥。」[123]但宋元時期，天池寺規模甚小，周必大曾言其「雖鑿二池，其涸可待」。元末天池寺毀於兵燹，洪武六年（1373）複修。明初，天池寺在帝王的直接扶持下迅速繁盛起來，取代東林寺成為新的地方佛教信仰中心。《盧山紀事》對天池寺的興起有如下記載：

---

122 （宋）陳舜俞：《盧山記》卷二，載《文津閣四庫全書》第 194 冊，第 379 頁。

123 （宋）朱熹：《晦庵集》卷七《詩》，四庫全書本。

天池寺者，即宋天池院，我聖祖撤而大之者也。事起自周顛仙人。初偽漢陳友諒之入南昌。已而我聖祖親御舟師復取之，乃顛者則來見於南昌。既還建康，乃顛者復來見於建康。其所語雖無正詞，然皆有義意，預吐禎符以開鴻業之先。及六飛西伐偽漢，顛者與大軍俱西上，至湖口辭去，入廬山深處，杳然絕蹤矣。其後，赤腳僧乃言在竹林寺。竹林者廢寺也，相傳有影無形，聖僧隱焉。竹林既不可見，而其址故與天池院近，因飾天池以寓祀。賜銅鐘一、象鼓一。命江州僧司例選有道行僧可住持者一人，以部牒住持焚脩。**124**

如上文所述，天池寺的興起與明太祖朱元璋祭祀所謂周顛仙人有關。朱元璋曾御制《周顛仙人傳》**125**一文講述他與周顛仙人的人神交往故事，並將此文鑴刻於天池附近的御碑亭內。朱元璋又曾在《祀天眼尊者周顛仙徐道人赤腳僧文》中曾說：「今者神之妙用，幽隱於廬嶽，獨為朕知而濟朕難。然朕終不忘於利濟之心，當以禮謝。……故先期京師已告諸祠，又遣使於廬嶽之下禱於廬之神，方以禮進，禮不過謝而已矣。」**126**事實上，這只是

---

124 （明）桑喬：《廬山紀事》卷二《天池寺》，第 120-121 頁。

125 此文可參見徐新傑：《廬山名勝石刻》，南昌：江西人民出版社，1996，第 83-87 頁。

126 （明）朱元璋：《祀天眼尊者周顛仙徐道人赤腳僧文》，載雍正《江西通志》卷一百四十四《藝文》，臺北：成文出版社有限公司影印本，1989，第 2805 頁。

其神化皇權、愚弄百姓的一種手段。洪武二十六年（1393），朱元璋遣使廬山詔祭四仙（周顛、天眼尊者、徐道人、赤腳僧）與廬嶽神，天池寺得到擴建，並賜名「天池護國寺」。此外，朱元璋又作詩一首：「匡廬之巔有深谷，金仙弟子岩為屋。煉丹利濟幾何年，朝耕白雲暮種竹。」[127]為運送刻有《周顛仙人傳》的御碑上山，地方官府在廬山西北麓辟建九十九盤山道直達天池。

　　朱元璋優待天池寺的政策得到後繼之君的強化與鞏固。永樂初，成祖重勅天池寺名曰「天池萬壽寺」。永樂九年（1411），明廷宣佈廬山天池一帶禁山，其範圍十分廣大，東至五老峰，南至白雲峰，西至馬鞍山，北至講經堂。此後，禁山政策為後世所遵循，保持了廬山天池一帶優良的生態環境，同時也使天池寺增添了一種神秘色彩，對其進一步繁榮有著重要的促進作用。宣德朝則對天池寺及御碑亭、聚仙亭等相關建築進行了修繕與擴建，並再勅寺名曰「天池妙吉祥寺」。洪武、永樂、宣德三朝御賜天池寺的像器可謂洋洋大觀，包括：

　　　　《大藏經》四廚，龍藏金字牌二面，珍珠黃傘一握，大千僧鐵鍋三口，銅鐘一口，大鐵雲板二面，象鼓一面，中銅雲板一面，鍍金大銅佛像三尊，鐵報鐘二口，鍍金中銅像十二尊，鍍金銅優缽花二架，大銅爐瓶四副，中銅爐瓶二副，

127　（明）朱元璋：《御制群仙詩》，康熙《九江府志》卷十二《藝文》，第 1340 頁。

小銅爐瓶二副，風摩銅太子像一尊，九龍吐水太子沐浴錫荷葉蓮花盆一個，洪武、永樂、宣德敕書三道。[128]

所謂「聖莫聖於大明朝之君，靈莫靈於今天子之都廬嶽」。[129]明初帝王對廬山及天池寺的重視使其地位十分顯赫。明初帝王在廬山的神靈塑造活動及此後官方祀典的循例舉行使天池寺作為地區佛教信仰中心的地位得到牢固確立。不過，天池寺的繁榮源於國家政治需要的強力帶動，而非宗教信仰內涵的外在擴張。桑喬曾言：「廬山南北寺之巨麗者必以天池為冠。然無大禪德戶之，僧之習於寂靜者蓋鮮。方且盛儀物事，奔走以逢迎上官。其視蓮社風流不逮遠矣。」[130]但不可否認的是，明初帝王在廬山推動的國家祭祀活動逐漸泛化為普遍的民間信仰。「四方之人無遠近，聞天池名皆樂施予。而天池僧益多四出說民施財，粟帛日至，寺益饒裕。諸不以天池名者，民則靳不予。以故山北上下二十庵院率假天池名以緣化焉。」[131]有明一代，廬山天池寺極其繁盛，雖然曾幾遭火災，但很快又得到重建。萬曆年間，袁宏

128 （清）查慎行：《廬山紀遊》，載張成德等編：《中國遊記散文大系·江西卷》，太原：書海出版社，2002 年版，第 229 頁。

129 （明）徐紘：《明名臣琬琰錄》卷九，《文津閣四庫全書》第 154 冊，第 528 頁。

130 （清）毛德琦：《廬山志》，《四庫全書存目叢書》，第 239 冊，第 617 頁。

131 （明）桑喬：《廬山紀事》卷二《天池寺》，第 122 頁。

道來廬山所見天池寺依然是「梵剎出上霄，諸峰障而立，猶在半天。佛廬甚華整，覆以鐵，一溪漲綠，泠然階下」[132]的繁榮景象。

「廬山東南之勝在五老，西北之勝在天池。」[133]天池寺的興盛還使廬山天池一帶成為人們登臨攬勝的中心地域。「凡登廬頂其大道有三，……。東道、南道又荒僻少人跡，好奇之士間一至焉。獨北道以天池寺故，縉紳大夫登覽者率多由之。」[134]明代文人吟詠天池的詩文可謂洋洋大觀，數不勝數，並由此造就一大批新的文化景觀。可以說，天池文化景觀聚落的形成與擴大也是國家祭祀與地方信仰互動的重要體現之一。

清代，由於失去了皇權的支持，天池寺逐漸走向衰敗。雍正八年（1730），天池寺毀於火災，眾多文物毀於一旦，但風摩銅太子像得以保存。乾隆四年（1739），天池寺得到重建。嘉慶年間，天池寺已漸趨沒落。至咸豐年間又毀於太平軍與清軍的戰火之中。民國時期，天池寺已經十分寥落。一九二八年，「今僅破屋三椽，鐵瓦尚存數片。」[135]一九三四年，文人朱偰來遊，所見

132 （明）袁宏道：《雲峰寺至天池寺記》，載《中國遊記散文大系‧江西卷》：第189頁。

133 （明）柳邦傑：《錦澗橋記》，康熙《九江府志》卷十五《藝文》，第1937頁。

134 （明）桑喬：《廬山紀事》卷二，第113頁。

135 （民國）戴昌藻：《廬山指南》中編，《古跡名勝‧天池寺》，上海：文明書局，1929，第6頁。

已是「山門殘廢，寺宇荒涼」[136]。此後，在廬山抗戰中，天池寺完全被毀。

（四）錦繡谷

錦繡谷位於廬山大林峰與天池山交匯處，在第四紀冰川作用下而形成，因「谷中奇花異卉不可殫述，三四月間紅紫匝地，如被錦繡，故以為名」[137]。錦繡谷內景色秀麗，「春時雜英百千種，燦爛如熾，至冬初蒼翠不剝，丹楓綴之，亦自滿眼雕繢。」[138]宋代詩人孔武仲詩云：「江城三月芳菲盡，淺紫深緋到谷中。最是廬山佳麗處，我來蕭颯已秋風。」[139]

錦繡谷中最為有名的花是《群芳譜》中稱為「風流樹」的瑞香花。「瑞香原名睡香。相傳廬山一比丘僧，晝寢山石下，夢寐之中，但聞異香酷烈，覺而尋之。因得此花，故名睡香。後好事者奇其事，以為祥瑞，乃改為瑞。」[140]廬山錦繡谷是瑞香的原產地。《說郛》載：「瑞香花種出江州廬山，今長沙競種成俗，一

136　（民國）朱偰：《匡廬紀遊》，臺北：臺灣商務印書館有限公司，1975，第8頁。

137　（宋）陳舜俞：《廬山記》卷二《敘山北篇第二》，四庫全書本。

138　（明）王世貞：《弇州四部稿》卷七十三，四庫全書本。

139　（宋）孔武仲：《清江三孔集》卷七《今體詩‧錦繡谷》，四庫全書本。

140　（明）謝肇淛：《五雜俎》卷十《物部二》。

采有至百千花者。」**141**「《瑞香譜》曰：盧山瑞香比他郡最香。」**142**北宋天聖年間（1023-1032），盧山瑞香花即已傳聞於世。《盧山記》載：「今山間幽房小檻往往種瑞香，太平觀、東林寺為盛。其花紫而香烈，非群芳之比。始野生深林草莽中，山人聞其香，尋而得之。栽培數年則大茂，今移植幾遍天下。」**143**宋天聖年間詩人張景修《盧山瑞香》詩云：「曾向盧山睡裡聞，香風占斷世間春。窺花莫撲枝頭蝶，驚覺南窗午夢人。」**144**瑞香花天生麗質，香而不俗，的確是「香風占斷世間春」。

　　錦繡谷中不僅奇花異卉眾多，而且怪石層疊，形態各異，奇峰挺立，氣象清麗。錦繡谷口有一巨石，懸空伸出，宛如懸在空中的一座橋，人稱「天橋」。相傳朱元璋當年與陳友諒大戰後敗逃至此，一道金光閃現，化作一橋，朱元璋縱馬過後，橋隨即斷落懸崖，陳友諒只能望崖興歎。錦繡谷內有一溪流，名錦澗。溪上有石橋，名錦澗橋。過橋則可沿路直達天池山頂。小道蜿蜒盤旋，號稱九十九盤，是明代主要登山道路之一。朱元璋紀念周顛仙人的御碑就是從這裡運上山的。沿途道旁的峭壁上，摩崖石刻遍佈，總計四十餘處。其中，宋代歐陽修撰文、明代王守仁手書的《盧山高》題刻最負盛名，其詩意與書法相得益彰。

141（元）陶宗儀：《説郛》卷十七下《識遺》，四庫全書本。

142（宋）高似孫：《剡錄》卷九《草木禽魚上》，四庫全書本。

143（宋）陳舜俞：《盧山記》卷二《敘山北篇第二》，四庫全書本。

144（宋）張景修：《盧山瑞香》，載厲鶚：《宋詩紀事》卷二十三，《張景修》，四庫全書本。

　　錦繡谷中還有游仙石、采藥石、觀妙亭、談判台等諸多名勝。著名的道教聖地仙人洞也在此間。清代以前，這裡是佛教信徒修行之所，因「石壁垂下如手」[145]，故名佛手崖。洞內有「一滴泉」，洞壁有「洞天玉液」等石刻。洞中央「純陽殿」供奉八仙中的劍仙呂洞賓石像，相傳他曾在廬山修道。仙人洞的左前方有一巨石突兀，形如蟾蜍，名「蟾蜍石」，一勁松插石挺立，稱為「石鬆」。石上刻有「縱覽雲飛」、「豁然貫通」摩崖大字，石下亂雲飛渡，如入仙境。

（五）花徑

　　花徑位於牯嶺西谷，又稱白司馬花徑，以白居易曾循徑賞花而得名。唐元和十年（815），盜殺宰相武元衡，贊善大夫白居易上書請求從速緝捕兇手，因此觸怒權貴，被貶為江州司馬。白居易來江州後，入廬山遊賞，「到東西二林間香爐峰下，見雲水泉石，勝絕第一，愛不能舍，因置草堂」[146]。元和十二年（817）暮春四月初八，大詩人白居易與好友十七人同登廬山，游至大林寺一帶，發現這裡桃花盛開，而山下桃花早已凋謝。於是，白居易懷著欣喜之情揮筆寫下了千古絕唱《大林寺桃花》：「人間四月芳菲盡，山寺桃花始盛開。長恨春歸無覓處，不知轉入此中

---

145 雍正《江西通志》卷十二《山川六》，四庫全書本。
146 （唐）白居易：《白氏長慶集》卷四十五《與元九書》，四庫全書本。

來。」[147]白居易的詩使大林寺成為後世遊覽勝境，周必大、徐霞客、黃宗羲等歷代文人墨客到訪頗多，尋蹤攬勝之餘留下不少詩文。清初學者潘耒在其遊記中寫道：「傍澗西行三四里間，皆茂樹，樹多作花，所謂白司馬花徑也。」[148]大林寺宋代被火焚毀，明代得以恢復，清代又被火毀。近代牯嶺開闢後，寺廟遺址上多為民居。一九二二年，在太虛法師主持下，大林寺得以恢復。一九二三年在此召開了世界佛教聯合會，「次年即有日本與其他各國及本國各省信佛士女來，講學極盛」。[149]

　　一九二九年，學者李拙翁客居廬山，偶然經過大林寺旁，見採石工人采得的石頭中有一塊刻有「花徑」二字。經李拙翁考證此地應為白居易詠桃花處。於是，李拙翁與此地業主嚴孟繁商議保護古跡。嚴孟繁慷慨捐地，擬於其上作亭，名景白亭，並種桃樹以保持古跡。一九三〇年，胡思義、方耀庭等人陸續捐資，由大林寺僧人竺庵主持修建與籌資事務。陳三立親自撰文《花徑景白亭記》以紀其事，吳宗慈題字。李拙翁題寫門額「花徑」，及門聯「花開山寺，詠留詩人。」從此，花徑成為廬山一大名勝。

147　（唐）白居易：《白氏長慶集》卷十六《大林寺桃花》，四庫全書本。

148　（清）潘耒：《遊廬山記》，載吳宗慈編：《廬山古今遊記叢鈔》卷下，重修廬山志總辦事處發行，1932，第 8 頁。

149　（民國）吳宗慈：《廬山志》（上冊），第 188 頁。

（六）黃龍寺

黃龍寺坐落於廬山玉屏峰麓，前對天王峰，後枕玉屏峰，西有賜經亭，下臨大溪。相傳早在晉代，釋曇詵在此修持，並栽下兩株婆娑寶樹（柳杉）和一株銀杏樹，後人美其名曰「三寶樹」，寓意佛教三寶：佛、法、僧。黃龍寺由明初僧人了堂始建，因寺旁有黃龍潭而得名，後來廟宇毀壞。萬曆初年，僧人徹空雲遊至玉屏峰下，見其「山勢環擁」，叢林茂密，清潭飛瀑，風景幽邃，即「心愛之」。但山麓之中，千鹿成群，有礙建寺。徹空當即默念祈禱「此間於我有緣，群鹿為徙」。次日，徹空再往探看，已「不見鹿蹤」。於是，他就地誅茅建寺。黃龍寺重建後，萬曆十四年（1586），「陳太后賜藏經四十一函，並舊刻藏經六百三十七函，滲金佛像、西洋水墨羅漢等件頒佈本寺珍藏」。「又法海寺傾圮，所有銅鑄羅漢、萬佛寶塔自滇中來者具移置於寺。」[150]明神宗還特此頒發《護藏敕》到寺，曉諭寺僧保護藏經，於是僧人敬虛「募閣以覆之」[151]，是為藏經閣。黃龍寺後山上還建有御碑亭，刻石以紀陳太后賜經一事。於是，明代後期黃龍寺寺宇宏大，香火鼎盛。

清代，黃龍寺日漸蕭條。順治十六年（1659），黃龍寺遭雷

---

150 同治《德化縣誌》卷十三《建置·寺觀》，臺北：成文出版社有限公司影印本，1970，第 221 頁。

151 （明）萬時華：《募造准提閣疏》，載黃宗羲：《明文海》卷一百四十一《諸體文一》，四庫全書本。

擊，殿堂門廡遭到嚴重損壞，惟藏經閣安然無恙。寺外古樹也多遭厄運，只有三寶樹巍然不動。康熙五十六年（1717），「（黃龍）寺有古杉數千株，干霄蔽日。康熙五十六年，僧經學等圖利擅賣，裡悍乘機強伐，山為之童。」[152]事發後，官府追查，經學於是逃匿他鄉。乾隆年間，黃龍寺得到一定程度的修復。嘉慶九年（1804），舒夢蘭來此，「登藏經樓，觀所藏梵笈七百二十牘」。[153]咸豐年間，黃龍寺亦毀於戰火之中。一九二六年，康有為第三次上廬山，曾到黃龍寺遊訪，並題寫「黃龍寺」寺額和「禪堂」之匾，至今保存完好。「夏都」時期，國民政府主席林森等政要多次來寺遊觀。抗日戰爭期間，釋青松為住持，率眾宣導念佛法門，因此黃龍寺所受損失較東林寺等輕得多，但其大寮和東側僧寮的鐵屋面被日軍拆走，充作軍需。當時，有居士許止淨率全家避難於寺中，每日抄寫《金剛經》，最後在寺中往生。

黃龍寺旁有黃龍潭、烏龍潭。其中，黃龍潭是廬山六個以「龍潭」為名的飛瀑中最有名的一個（另外五個是烏龍潭、神龍潭、碧龍潭、臥龍潭、白龍潭）。黃龍潭在幽深靜謐，古木掩映的峽穀間，銀色瀑布奔騰跳躍。路旁巨石上刻有「降龍」二字，蒼勁有力。黃龍潭前行數分鐘，可達烏龍潭。潭上有瀑布分為五股從石隙中下瀉，泉源來自長沖、蘆林之水，終年流不間斷。烏

---

152 同治《德化縣誌》卷十三《建置‧寺觀》，臺北：成文出版社有限公司，1970 年影印版，第 221 頁。

153 （清）舒夢蘭：《遊山日記》卷一，上海：宇宙風社，1936，第 7 頁。

龍潭瀑布短而有力，其聲響而有調。潭旁石上刻有「龍泉」二字。古時地方百姓認為黃龍潭、烏龍潭中有龍居住，每年六月，這裡有「送龍飯」的習俗。

（七）石門澗

石門澗位於廬山西麓的天池與鐵船二山之間，「基連大嶺，體絕眾阜，闢三泉之會，並立而開流，傾岩玄映其上，蒙形表於自然，故因以為名」[154]。石門澗是廬山北部山水最美的地方，這裡「吐源浚遠，為眾泉之宗，每夏霖秋潦，轉石發樹，聲動數十里」[155]，有「匡廬絕勝」、「山水絕勝」之美譽。澗水源於山巔長沖一帶，在擲筆峰前與九奇峰水匯合後總聚於烏龍潭，然後下瀉至石門澗。

東晉隆安四年（400），東林寺高僧慧遠等三十多人同登石門澗，「於是擁勝倚岩，詳觀其下，始知七嶺之美，蘊奇於此。雙闕對峙其前，重岩映帶其後，巒阜周回以為障，崇岩四營而開宇」[156]。慧遠曾在石門澗築龍泉精舍，以靜觀想。後世文人聞風而至，李白、白居易、謝靈運、徐霞客等歷代數以百計的文人墨客都為之相陟。謝靈運慕慧遠高風，曾來廬山隱居相從，其居

---

154 （晉）慧遠：《游石門詩並序》，載馮惟訥：《古詩紀》卷四十七，四庫全書本。

155 （唐）歐陽詢：《藝文類聚》卷八《山部下·石門山》，四庫全書本。

156 （晉）慧遠：《游石門詩並序》，載馮惟訥：《古詩紀》卷四十七，四庫全書本。

所就築於石門澗一帶，有詩為證：「躋險築幽居，披雲臥石門。苔滑誰能步，葛弱豈可捫？……」[157]

唐宋以後，來石門澗遊賞的人漸漸多起來，這裡也成為登盧山頂的主要通道之一，白居易對石門澗美景也給予了很高的評價。他曾在文中把石門澗雲列為盧山四季美景之一，曰：「（盧山）耳目杖履可及者：春有錦繡谷花，夏有石門澗雲，秋有虎溪月，冬有爐峰雪。」[158]白居易還作詩一首，曰：

「石門無舊徑，披榛訪遺跡。時逢山水秋，清輝如古昔。常聞慧遠輩，題詩此岩壁。雲覆莓苔封，蒼然無處覓。蕭疏野生竹，崩剝多年石。自從東晉後，無復人遊歷。獨有秋澗聲，潺湲空旦夕。」[159]

明代嘉靖年間，德化知縣廖士衡在石門澗中建有石澗橋，橋旁石上刻有王宗沐所題「石澗橋」三個大字。石門澗水為眾泉之宗，「每夏霖秋潦，轉石發樹，聲動數十里，從雙石之中，懸流飛澍，近三百許步，望之連天，若曳飛練於霄漢之中，山北之勝境也。」[160]明代大旅行家徐霞客就是從這裡登上天池寺的。王思

---

157 （晉）謝靈運：《石門新營所住四面高山回溪石瀨修竹茂林》，載馮惟訥：《古詩紀》卷五十八《謝靈運二》，四庫全書本。

158 （唐）白居易：《白氏長慶集》卷四十三《草堂記》，四庫全書本。

159 （唐）白居易：《白氏長慶集》卷七《游石門澗》，四庫全書本。

160 （民國）吳宗慈：《盧山續志稿》卷二《山北》，江西省盧山地方誌辦公室印，1992，第98頁。

任在其遊記中所稱「百丈梯」即是指這裡。

(八) 牯嶺鎮

　　一八九五年至一九三七年抗戰全面爆發，盧山牯嶺持續經歷了四十餘年的系統規劃建設，由當初的荒山野嶺建設成為西方人的避暑旅遊勝地繼而又轉變為國民政府的「夏都」和中國現代最為知名的綜合性旅遊景區。近現代盧山旅遊開發以牯嶺為核心展開，隨著別墅數量和山居人口的不斷增長，牯嶺逐漸發展成為一座「雲中山城」。同時，牯嶺城市功能的不斷完善又進一步推動了盧山旅遊開發活動的深入發展。

　　盧山牯嶺自古本是自然形成的遊覽地域，山居人口極少。「在租借地未辟前，山南北居住者數十寺觀之僧道耳，間有山遊攬勝，只短期旅行，無市政可言。自光緒季年西人避暑之風開，本國人接踵步武，由是道路大辟，市街日盛，商務漸興，遊屐錯雜，賢愚互出。」[161]一八九五年，李德立取得牯嶺開發權後，一方面對避暑地進行整體規劃並劃號出售土地；另一方面迅速展開市政基礎設施建設。一八九九年，牯嶺避暑地建設已具雛形，街道、路燈、綠化帶以及教堂、醫院等設施已基本配備。西方人在盧山的開發活動使牯嶺成為「在中國傳統文化重圍之中的，以美國國家公園學說為理論指導的『世界村』」。[162]一九〇八年，清

---

161 吳宗慈：《盧山志》（上冊），第 431 頁。

162 羅時敘：《盧山別墅大觀》，南昌：江西美術出版社，1995 年，第 12 頁。

政府在廬山設立清丈局表明牯嶺的城鎮地位得到地方政府的確認。一九三七年，牯嶺有正街、西街、下街、後街、新路等街道，城鎮的主體框架基本定型。這一時期廬山地區基礎設施建設和配套服務突飛猛進，山上有中央銀行、農民銀行和上海商業銀行設立的辦事處。此時，有線、無線電報均已通達全國，至廣州、上海、貴州等地的長途電話也已開通，甚至當時極為先進的無線電傳真也在廬山和南京間開通。三〇年代，牯嶺城市功能日臻完善，公路交通、郵政通訊、供水供電、醫療衛生、教育文化等各種配套設施的發展在全國處於領先地位。

　　牯嶺避暑地的成功開發使其很快發展成為具有強大人口集聚功能的山間小城鎮。人口高密度集聚是地區城市化的重要特徵之一，近現代廬山開發過程中牯嶺人口規模即呈現不斷擴張態勢。一九一七年廬山居民總量為四四三九人，而一九三七年廬山居民總量已達到一八二三一人，二十年間翻了兩番。

　　牯嶺人口高密度聚集主要有外部可進入性增強、內部功能完善和社會心理示範效應等三方面的原因。首先，廬山濱江靠湖、上接重慶、武漢下引南京、上海的優越區位條件是其外部客觀條件。一八六一年九江開埠，外籍輪船從此可以沿長江自上海通達九江，使九江與上海、南京、武漢等沿江城市間的時間距離大大縮短。以往乘木船從上海到九江一般要一個月的時間，而輪船晝夜行駛僅需二天。因此，廬山的吸引半徑幾乎擴展到整個長江流域，大量沿江城市人口季節性轉移至廬山避暑度假。同時，旅遊業的繁榮使大量商家及服務人員成為在山的常年定居者。

　　其次，科學規劃與系統開發為廬山創造了優良的避暑度假環

境。西方人在盧山的開發活動使山居生活變得十分便利，甚至與山下九江等城市相比有過之而無不及，達到「娛樂設施無與倫比」，「通訊至為便利」的境地，儼然是一方富人的樂土。至一九三七年，「牯嶺失卻了山野的樸實，已經是國際化的都市」[163]。牯嶺完備的城市功能為山居或旅遊生活提供的便利條件是許多人選擇來盧山置業、度假或旅遊的重要促動因素。

再次，盧山牯嶺社會的出現在當時的中國社會具有較強的社會心理示範效應。牯嶺最初只是在華西方人的理想王國，他們在盧山構建了一個小型西方社會。這個西方社會成為當時中國社會的一個重要參照群體。因此，中國上流社會大量湧入牯嶺置業，他們成為西方現代生活的宣導者和參與者。三〇年代，國民政府軍政首腦入主盧山，盧山中西摻雜的社會風情及其「夏都」特殊性質更使人們強烈感受到在盧山擁有房產是社會地位與榮譽的象徵，「羅森塔爾效應」在牯嶺人口集聚過程中表現得十分明顯，使牯嶺人口總量不斷攀升。

牯嶺是中國近現代典型的旅遊消費型城市。城市化的牯嶺作為盧山開展近現代旅遊活動的後勤保障基地和購物娛樂中心區的地位早在民國初年就凸顯出來。牯嶺城市功能的完善一方面是適應旅遊業發展需求的結果，另一方面又大力推動了盧山現代旅遊業的發展。至三〇年代，牯嶺完備的城市接待功能與盧山秀美的

---

163 （民國）吳宗慈：《盧山續志稿》，南昌：江西省盧山地方志辦公室，1992，第 538 頁。

山川、厚重的文化、中西摻雜的社會風情及其「夏都」的神秘吸引了大量的度假觀光客，龐大的旅遊業接待體系應運而生，汽車交通、郵電通訊、旅館、旅行社、銀行、娛樂等接待服務設施一應俱全。

近現代盧山不僅是長江流域外籍人和中國上流社會人士的避暑療養勝地，還是集文化觀光、運動健身、娛樂社交等功能為一體的綜合型旅遊勝地。抗戰前，為便利旅遊者參觀遊覽，盧山出版的旅遊手冊就有四種。中國旅行社也在盧山設立分支機構從事現代旅遊經營活動。一九三四年五月，中國旅行社開始主辦由上海、南京、武漢至牯嶺的聯運客票，並派員沿途照料，且刊印盧山游程、小冊分贈遊客。[164]中國旅行社向遊客提供的全包價一條龍旅遊服務表明隨著盧山的可進入性增強，配套設施日益完善，其現代旅遊業漸趨成熟。盧山由被動接待逐漸過渡為有意識地招徠旅遊者，已經生成一個具有突出現代旅遊產業特徵並能向旅遊者提供綜合旅遊服務的龐大旅遊產業體系。一九三七年，盧山旅遊業已經達到相當的規模和繁榮程度。當時盧山登記在冊的轎工和挑夫數量達到二五〇〇人之多，夏季旅遊高峰每日接待遊客可達二〇〇〇至三〇〇〇人的規模。而作為典型的旅遊消費型城市，牯嶺的發展又高度依賴盧山旅遊業。一九二六年至一九三一年，由於受到戰爭影響，牯嶺當即「遊客減，商業衰落，一般人民之生計隨以具絀」。「於是，鼠竊狗盜，在所多有，匪寇警

164 《中國旅行社主辦牯嶺聯運客票》，《申報》，1934 年 5 月 22 日。

耗，亦常有聞。」[165]因此，牯嶺城鎮經濟與廬山旅遊業可謂一榮俱榮，一損俱損，相互關聯程度極深。

　　牯嶺城市化帶動了地區建築業、農業、旅遊業的協同發展，使其成為九江市之外的地區次商業中心。牯嶺避暑地的開發首先使廬山建築行業迅速興起。特別是一九二一年後，隨著中外別墅數量逐年增擴，廬山建築業「一日千里，稱極盛焉」。北伐戰爭期間，由於受時局動盪影響廬山建築業發展速度減慢，但三〇年代又很快恢復繁榮起來。據統計，一九三三年廬山建築企業大小共計二十餘家。建築行業的大量原材料需求直接帶動了廬山土木石業、傢俱業、五金業的發展，相關商業店鋪計有數十家之多。牯嶺是典型的旅遊消費型城鎮，山下農民向牯嶺居民和旅遊者提供大量生活消費物資，使牯嶺實際成為地區消費品交易的中心市場之一。另外，為了滿足在山西方人和中國上流社會人群的需求，大量奢侈消費品由上海、南京、武漢等地經九江輸入廬山，在牯嶺進行交易。所以，「其人民生計，雖不足與九江商埠交通繁盛為比，然視星子濱湖貧瘠者有間矣。」[166]三〇年代，牯嶺商業的繁榮及其「夏都」的獨特地位刺激了廬山金融業的發展，當時的中國、中央、上海、大陸四大銀行紛紛來山設立分支機構。一九三四年，廬山旅遊消費需求旺盛，「牯嶺商業盛極一時，尤

165 （民國）吳宗慈：《廬山志》，第 456 頁。
166 （民國）吳宗慈：《廬山志》（上冊），第 456 頁。

以旅社業獲利最多，如胡金芳旅館。」[167]至一九三七年，盧山「商業特為繁榮」，商業經營店鋪由一九三四年的八十五家猛增至二七七家，顯示地區次商業中心的地位進一步凸顯。

近現代盧山開發大興土木，僅修建的度假別墅累計就達一〇〇〇餘棟。據一九三五年統計，牯嶺各種別墅、店鋪、教堂、學校、圖書館、劇院、茅屋等建築總計近二〇〇〇棟。加上街道、球場、游泳池、景區游步道等大量基礎設施的建設，其開發用地之廣、用木石之多難以估量，由此對盧山山體、水體及植被所造成的破壞可見一斑。盧山的城市化趨勢使近代著名學者章炳麟不免感歎「自今而往，山日槎，市日廓」[168]，言語中充滿了對森林遭到砍伐，城市不斷擴大的憂慮。開發建設使山上大樹幾乎被砍伐殆盡，大量灌木草叢也被夷為平地。山體與植被大量遭到破壞使盧山氣候發生明顯變化。「惟古今氣候亦有變遷之徵。周益公《盧山後錄》云：『每歲至九月便有雪，至三四月乃稍暖。』今舊曆九月偶然有小雪耳。正月底至二月初天放晴，即不甚寒，二月底至三月初稍暖矣。」[169]吳宗慈通過對宋代周必大文章中記載的盧山氣候特徵與民國時期的氣候特徵相比較，發現了當時已經出現的氣候變暖的趨勢。

盧山開發後，山上居民做飯、取暖的燃料主要是山上木材，

---

167 （民國）吳宗慈：《盧山續志稿》，518頁。

168 （民國）吳宗慈：《盧山志》（上冊），第2頁。

169 （民國）吳宗慈：《盧山志》（上冊），第66頁。

加之放牧、火災等因素影響，廬山植被因而遭到嚴重破壞。山上居民柴薪少量由自己砍伐，大部分是山下沙河一帶農民供給，他們一般在山上就近砍伐售賣。他們出售的柴薪有片柴、棍柴、茅柴三種，這樣山上的大樹、灌木、茅草均是砍伐物件，可見其對山上植被破壞程度之深。另外，廬山規模達數百人的河南燒炭幫長期在黃龍寺、王家坡、漢陽峰等地燒炭。與廬山人口迅速增加相適應，木炭需求量日益增大，燒炭工勞作的時間長、人數多。每年夏秋兩季，這些燒炭工就在廬山專職伐木燒炭，對廬山植被造成了極大破壞。大量人口使廬山生態負荷日漸加重。一九三六年，秦仁昌在《保護廬山森林意見》一文中發出警告：「迄今除『廬山林場』之黃龍、牧馬場尚有一部分之天然雜木林及人工林外，餘皆化為叢薄。甚有數處，如大林沖、土壩嶺、五老峰、獅子峰等處，幾全為童山矣。」可見牯嶺人口高密度集聚使廬山森林生態系統遭到過度開發。大量人口湧入及其頻繁活動使廬山動物棲息地也遭到破壞。據史料記載，清嘉慶年間廬山老虎活動仍然十分頻繁，夜宿廬山可聞虎嘯聲。但近現代廬山開發後由於森林被破壞和人的頻繁活動使虎「入山更深」，虎跡也「僅偶一見之而已」。[170]

　　牯嶺城市化對廬山水資源的影響主要集中在兩個方面。一方面，植被大量減少使山上水源涵養不夠，水流量減小。近現代開發前，廬山溪流泉瀑隨處可見，水源充足。一九三六年，漢陽峰

170　（民國）吳宗慈：《廬山志》（上冊），第 530 頁。

一帶溪流幾近乾涸。牯嶺一帶則水流量減小，飲用水源漸漸遠離市區，以致胡金芳旅社曾雇請二十多人汲水。另一方面，盧山飲用水起初是直接汲取長沖河等處溪流水，但由於常住居民和外來遊客不斷增加，生活廢水、廢棄物等對水體造成的污染日益嚴重。為此，有些外籍居民甚至雇人看護水源，盧山管理局也曾為保護水質清潔而制定專門的懲罰措施。但是人口的不斷增加和牯嶺城市化程度不斷加深使盧山不僅水源漸次減少而且水體遭到人為污染嚴重，以致不能飲用。為解決衛生用水問題，一九二六年盧山市政籌備處就曾借巨款擬安裝自來水，但因北伐戰爭而未能實行。一九三四年，「盧山管理局為居民飲料清潔與開關水源及消防起見」[171]，在漢口峽建立四十五萬加侖蓄水量的蓄水池。一九三六年，又在蘆林增建十五萬加侖容量的蓄水池一座。國民黨中央黨部也在盧山建立了一座三十萬加侖容量的蓄水池。這些蓄水池水源均是高處澗谷中匯聚的山泉，水質清潔，可供山上居民直接飲用。自來水替代自然水源本身是一大進步，但也從另一個側面反映了盧山自然水資源遭到破壞的歷史現實。

（九）牯嶺別墅群

牯嶺，原名牯牛嶺，位於盧山山巔，「嶺雄峻如人箕踞而睨，重淵當其東，山之名者莫高於雞公石，然嶺猶俯視之如兒

---

171 （民國）吳宗慈：《盧山續志稿》，第 280 頁。

孫，有石如牛首故名」**172**。如前文所述，清末英國傳教士李德立強租牯牛嶺進行避暑地開發，並將之改名為牯嶺。儘管帶有濃厚的殖民主義色彩，牯嶺避暑地的近代別墅建築群卻是廬山的重要文化遺產，其開發主要經歷了以下幾個階段：

一八九五年至一九〇五年是牯嶺避暑地開發的起步階段，別墅數量增長速度較為平緩。但經過近十年的開發建設，牯嶺避暑地已具備一定規模。避暑地沿長沖河谷以河東路、河西路為主軸向東西展開，牯嶺東谷已按規劃建造別墅一四七棟，主要街道也已基本成形，但大量基礎設施尚在建設中。

一九〇六年至一九一七年是牯嶺避暑地的快速發展期，別墅數量與來山居住避暑的中外人士均有大幅度上升。據日本某雜誌社統計，一九一七年牯嶺已有英、美、德、俄、法、意、日等十五個國家風格的西式別墅五六〇餘棟**173**。在山外國居民達一七四六人，在租借地內從事勞役工作的人達一一二六人**174**。這一時期促進牯嶺避暑地快速發展的主要動力有二：一是經過前期的開發建設，避暑地在社會上影響加大，吸引了更多人來山置業或度假；二是道路交通、水電通訊等生活基礎設施和旅館等旅遊服務設施日趨完備，促進了廬山旅遊業的迅速興起。

---

172 （明）桑喬：《廬山紀事》卷二，《通志》，臺北：成文出版社有限公司，1989，第 166 頁。

173 （民國）吳宗慈：《廬山志》（上冊），第 462 頁。

174 （民國）吳宗慈：《廬山志》（上冊），第 473 頁。

一九一七年至一九二九年，牯嶺開發進入成熟期。據《廬山志》載：「民國初年，中外人士來牯嶺避暑者尚少，鋪戶亦只數家。至九年十年後，裙屐雜杳矣。」可見，當時廬山度假旅遊活動已漸成規模。但由於受到土地供給的限制和戰爭等不穩定因素的影響，新建別墅的速度開始減慢。據牯嶺公司董事會調查，一九二八年牯嶺共有外國人房屋五一八棟，中國人西式房屋一九四棟，大小店屋一七五棟，共計八八七棟。**175**

　　牯嶺避暑地開發在空間上具有由點成面不斷嚮往週邊輻射延展的特點。李德立最初通過《牯嶺案十二條》獲得的一〇二九畝土地僅限於長沖（東谷）一帶。但受到出售土地的暴利驅使，他一方面暗中侵吞長沖界址周邊土地，一方面還通過英國領事向清政府擴大租借地。這樣牯嶺避暑地的開發範圍不僅向長沖界址外擴張一〇〇〇多畝，而且草地坡、下沖、猴子嶺、醫生凸、大林寺沖等地也相繼納入其開發範圍內。同時，在牯嶺英租借地引發的廬山土地租借風潮中，美國、俄國、法國傳教士先後租借了醫生窪、猴子嶺東坡、星洲以及狗頭石等地。他們在廬山的跟進開發使原本以牯嶺英租借地為主的避暑地開發範圍不斷向四圍擴展。牯嶺避暑地開發還帶動了廬山山麓的發展。二〇年代，廬山山南的太乙村和山北的蓮花洞都因牯嶺避暑地的繁榮而興旺起來。因此，從牯嶺周邊地帶的發展態勢來看，牯嶺正逐漸發展成為廬山地區旅遊活動的中心，其輻射帶動能力也日漸增強。二十

175　（民國）吳宗慈：《廬山志》（上冊），第 462 頁。

第二章・山岳風景名勝

161

世紀三〇年代,廬山進入「夏都」時期,牯嶺別墅建築群在基本保持原有風格的基礎上數量繼續增加。

　　牯嶺是在西方「風景建築」理論與「國家公園」思想影響下形成的避暑地,其開發造就了近代建築的典範——牯嶺別墅建築群。[176]李德立等人成立的牯嶺公司對牯嶺避暑地進行了科學的規劃建設與管理,既有對環境品質、綠化面積和建築密度等指標的嚴格要求,又充分給予別墅業主自主設計房屋張顯個性的合理空間。這種建築理念為後繼者所繼承,牯嶺因此出現十八個國家風格的一〇〇〇餘棟別墅,可謂「世界建築文化的奇觀」。牯嶺別墅建築以西歐國家建築風格為主要特色,但在其後期發展中又融入了中國傳統建築文化元素。一九三四年修建的廬山圖書館就是中西建築文化結合的產物,其牆體和門窗為西式建築風格,而屋頂則為中國宮殿建築式樣。牯嶺別墅建築群的獨特魅力在於體現多元建築文化特色並且規模性地與山林完美融為一體。至今,牯嶺近代別墅建築群依然被公認是中國、乃至世界同類地形中規劃最合理、建築最精美的典範。

(十)小天池

　　小天池位於廬山牯嶺東北小天池山頂,「山頂有池,春冬不

176 彭開福等:《中國近代建築總覽‧廬山篇》,北京:中國建築工業出版社,1993,第 18 頁。

溢不涸，故名」。[177]小天池海拔一二一三米，是廬山第八高峰，山勢峻峭。山上原有小天池寺，又名法海寺，由僧人無染建於明神宗萬曆年間。「小天池山塹中蒼松隱隱，鐵瓦鱗崒，其寺在焉。」[178]寺內有從雲南運來的銅鑄萬佛寶塔，但後來廟宇倒塌，寶塔移至黃龍寺內安放。寺前有千佛崖，可遠眺長江。又有楊歧洞，相傳萍鄉楊歧山方會禪師曾居於此。

　　小天池一帶還曾建有仁王寺、曇花庵、雲中庵、觀音庵等廟宇，後來均廢圮不存。牯嶺避暑地開闢後，這裡逐漸成為本國人聚居的地方。一九一六年，華昌銻礦公司經理梁和甫隱居廬山蓮花谷，但因其「篤信佛教，與基督教友信仰暨家庭習慣不同，致情感隔閡，因有遷地為良之計」。[179]一九一七年，梁和甫購得小天池土地一萬方營造新的居所。此後，梁和甫以天一公司的名義在此建屋、修路。至三〇年代初，小天池已經建有房屋二十餘幢。一九三一年，西湖肺病療養院來小天池設立牯嶺肺病療養院。梁和甫還依照《阿彌陀經》內所言七寶池、八功德水、七重欄楯、七重羅網、七重行樹，在小天池建有蓮池精舍。

　　小天池泉即在蓮池精舍下，用石圍砌了一丈見方的池子，池旁石上鐫刻一副對聯：「用之不竭，取不傷廉」。小天池泉水一

177 （清）毛德琦：《廬山志》卷三《山川分紀二》，《四庫全書存目叢書》，第239冊，濟南：齊魯書社，1997，第637頁。

178 （清）毛德琦：《廬山志》卷三《山川分紀二》，《四庫全書存目叢書》，第239冊，第637頁。

179 （民國）吳宗慈：《廬山續志稿》，第107頁。

側有天池亭，亭建於一喇嘛塔基上，在此東望鄱陽湖，北望長江，南望牯嶺，可謂遊目騁懷，有凌風飄舉之感。天池亭還是觀賞晚霞和雲海的好地方，有時可見「佛光」奇觀，而雲海和瀑布雲美景在此則可以時常觀賞到。

廬山作夏都時期，著名愛國大活佛諾那呼圖克圖曾來廬山傳教。一九三六年，諾那活佛圓寂後，骨灰由門人韓大載居士依遺囑攜至廬山，葬於小天池山。一九三八年，小天池上建成諾那塔及蓮花生大士殿，由此廬山宗教文化景觀中又增添一朵奇葩。但是，日軍攻佔廬山期間，諾那塔及蓮花生大士殿都遭到嚴重破壞，此後更因年久失修而殘破不堪。二十世紀九〇年代初，諾那塔等宗教建築得到重新修復。

（十一）含鄱口

含鄱口位於廬山東谷含鄱嶺中央，海拔約一二一一米，因含鄱嶺與漢陽峰之間形成一個巨大壑口，大有一口汲盡山麓的鄱陽湖水之勢，故得名。含鄱口西側，為著名的冰川角鋒「犁頭尖」，就像一個犀利的犁頭，直插茫茫雲海。含鄱口視野開闊，氣勢雄渾，對面為廬山最高峰「漢陽峰」，北面為廬山第二高峰「大月山」，南面為廬山第三高峰「五老峰」，山麓則是中國第一大淡水湖「鄱陽湖」，可謂湖光山色，相得益彰。

由於含鄱口地處山上，山路崎嶇，古代文人雅士登臨不便，所以留下詩文甚少。但近代牯嶺避暑地開發後，這裡逐漸成為遊覽勝地。一九一八年，因「羊腸鳥道，積石縱橫，行者苦之」，於是有柯鳳巢、關鶴舫、林碧潮、黃翼廷、容位荃等人捐資修整

含鄱口至山下棲賢寺的山道，共計三〇〇〇多級石階，「自此南北路通，行旅稱便」[180]。含鄱嶺上建起一座圓形小亭，名「望鄱亭」。站在亭內觀日出、賞雲海最為理想。含鄱口還是中秋賞月的好地方，「夏都」時期，蔣介石、宋美齡就曾邀美國總統特使馬歇爾將軍來此賞月。

(十二) 植物園[181]

　　廬山植物園位於廬山東南的含鄱口山谷中，是我國海拔最高、創建最早的高山植物園。廬山植物園創建於一九三四年，原名廬山森林植物園，創始人為我國著名植物學家胡先驌、秦仁昌等人。胡先驌（1894-1968），江西新建縣人，一九一二年考取江西教育司選赴西洋留學生，在美國加州伯克萊大學攻讀森林植物學。一九一七年，胡先驌學成歸國，被聘為廬山森林局副局長。一年後，胡先驌離開廬山赴南京高等師範專科學校任教，但在廬山的經歷為日後創建植物園打下了最初的基礎。一九二三年，時任中國科學社生物研究所植物部主任的胡先驌再次赴美留學，在哈佛大學攻讀博士學位。在此期間，胡先驌受到著名的阿諾德樹木園的啟發，產生在中國創立植物園的想法。他回國後，先後在江蘇、北平等地試圖創建植物園，均未能如願。一九二八年，胡

180　（民國）戴昌藻：《廬山指南》，上海：文明書局，1929，第 5 頁。

181　參考胡宗剛：《胡先驌與廬山森林植物園創建始末》，中國科技史料，1997 年第 4 期。

先驌等人在北平創立靜生生物調查所。一九三一年，他應吳宗慈、陳三立的邀請來廬山考察植物，為《廬山志》編寫《廬山之植物社會》。此次考察期間，廬山給胡先驌留下了深刻印象，他在這裡發現了許多特種植物的分佈情況。

二十世紀三〇年代，廬山成為南京國民政府「夏都」，政治文化地位突出，交通便利，為廬山植物園的創建奠定了良好基礎。一九三二年，胡先驌正式出任靜生生物調查所所長。但「九一八」事變後，華北政局不穩，胡先驌提議在廬山設立生物調查所分所並創建植物園，以備將來遷徙，但未得到正式落實。一九三三年，在胡先驌建議下，江西省成立農業院。同年十二月，胡先驌來江西出席農業院理事會第一次會議，會上他正式提出由靜生生物調查所與江西省農業院共同創辦廬山森林植物園，得到理事們的贊同。回到北平後，這一提議在靜生生物調查所委員第十二次會議上也得到原則通過。此後，他親自起草計畫書、組織大綱和預算等相關檔。一九三四年五月中旬，胡先驌派秦仁昌赴廬山實地考察森林植物園的選址。秦仁昌時任靜生生物調查所技師兼標本室主任，與胡先驌一樣有在中國創立植物園的理想。於是，他主動提出承擔廬山森林植物園的創建任務。秦仁昌在廬山含鄱口一帶考察後，認為其「土質肥沃，在廬山首屈一指」[182]，十分適宜創建植物園。同年六月，經過與江西省農業院仔細磋

---

[182] （民國）胡先驌：《致江西省農業院》，載《廬山森林植物園文稿簿》，中國第二歷史檔案館檔案。

商，廬山森林植物園的決策機構——植物園委員會宣告成立。委員會由胡先驌、董時進、秦仁昌、范銳、金紹基、程時煃、龔學遂等七人組成，范銳任委員長，規定每年召開一次會議，議決植物園相關重要事宜。於是，秦仁昌舉家從北平遷至廬山，開始了森林植物園的具體創辦。

一九三四年八月，由於二十一日即將在廬山蓮花谷召開中國科學社、中國植物學會年會，因此廬山森林植物園成立典禮便安排在二十日舉行。當天到會嘉賓包括著名科學家竺可楨、任鴻雋等百數十人，蔣介石亦派代表前來參加典禮，「可謂極一時之盛」。[183]胡先驌對廬山森林植物園充滿了殷切期望，他說：「今幸廬山森林植物園有廣大之面積，與極幹練之技術家主持其事，政府亟與以資助，不難使之步英國皇家植物園之後塵，發達為東亞第一植物園也。」[184]一九三五年，為落實植物園創辦經費，胡先驌發起資金募集活動，得到社會各界名流的慷慨資助，植物園委員會委員長范銳捐款二○○○元，國民黨高級將領陳誠、江西省政府主席熊式輝分別捐資二○○○元。一九三六年，在一次更大規模的資金募集活動中，胡先驌得到了包括林森、蔣介石、蔡元培、孔祥熙、陳果夫等人在內的四十位社會名流的支持。一九三七年，蔣介石又批准補助植物園經費一○○○○元。

183 原載《中國植物學雜誌》，1934年第3期，轉引自胡宗剛：《胡先驌與廬山森林植物園創建始末》，中國科技史料，1997年第4期。

184 張大為等：《胡先驌文存》下卷，南昌：江西高校出版社，1996，第248頁。

在秦仁昌等人的努力下，至抗戰中盧山淪陷前短短四年內，植物園開闢園地數百畝，搜集中外植物一八〇〇餘種，設立草本植物分類區、水生植物區、石山植物區、茶園苗圃等，可謂規模初具。一九三八年，日寇進攻盧山，植物園科技工作者被迫撤離，他們在雲南麗江成立了一個工作站，但盧山植物園遭到日軍嚴重破壞。抗戰勝利後，秦仁昌向上級報告：「以盧山植物園植物標本、圖書七十九大箱，及中央研究院奇珍圖書及岩石標本一批約二〇〇箱，均為倭寇運走，擬懇查明當日駐牯倭寇長官。」一九四五年後，在戰後盧山重建的過程中，盧山森林植物園得到一定程度的恢復，為中國科學研究事業做出了重要貢獻。

（十三）太乙村

太乙村位於盧山含鄱口西太乙峰下，相傳遠古道教宗師太乙真人在此修煉成仙。太乙村北有太乙峰，峰在五老、漢陽、九奇等峰的中央，猶如天空中之太乙星座位居其中，故而得名。這一帶遊覽景致眾多，有天書壁、九奇亭、太乙宮、三石樑瀑等。

太乙村海拔超過八〇〇米，群峰環抱，環境幽靜，是避暑休閒的理想之地。二十世紀二〇年代，粵籍國民黨退役將軍曾晚歸、劉一公、古屬冰等七人發起在此建別墅隱居，後聞風而來的國民黨軍政高官達十幾人。至三〇年代初，蔣介石、蔡廷鍇、陳誠、閻錫山及吳奇偉、嚴重、李汝倬等軍中高級長官在此建成別墅共十八棟，世人稱之為將軍村。村內十幾幢別墅風格各異，取名雅致，有晚庵、犇舍、松莊、三柳巢、愛廬等等。康有為、馮玉祥、胡宗南、白崇禧、李四光、蔣經國等名人都曾在此居住

過。抗戰爆發後，一九三八年日軍進攻盧山，太乙村別墅群遭到日軍嚴重毀壞。

（十四）漢陽峰

漢陽峰位於盧山東南部，是盧山第一高峰，海拔一四七四米，因「望數百里，極目江漢」[185]而得名。星子縣人常常稱其為漢王包，而九江縣人則稱之為漢王坡，「其巔平曠，無喬木，下視濛濛，窈不見底，雖六月亦寒栗」。[186]漢陽峰頂有漢王台，是一九二九年林森捐資修建的，分上下兩層，下層東西辟門，中有石室，可避風雨。上層為平臺式，每當晴天一碧，萬里無雲之時，登此台眺望，萬裡河山盡收眼底。漢陽峰有峭壁，名禹王崖，相傳大禹治水曾登臨此處。峰頂北端有一巨石，名天鏡石，石下有裂裟泉。漢陽峰的南部則與盧山黃岩瀑布水源相連。

明代大旅行家徐霞客來盧山考察時，曾登上漢陽峰頂，「南瞰鄱湖，水天浩蕩，東瞻湖口，西盼建昌，諸山歷歷，無不俯首失恃。惟北面之桃花峰錚錚比肩，然昂霄逼漢，此其最矣。」[187]漢陽峰頂視野開闊，是遊目騁懷的理想之地。清代曹龍樹《漢陽峰》詩云：「東南屏翰聳崔巍，一柄芙蓉頂上栽。四面水光隨地繞，萬層峰色倚天開。當頭紅日遲遲轉，俯首青雲得得來。到此

---

185 乾隆《大清一統志》卷二百四十三《南康府》，四庫全書本。

186 雍正《江西通志》卷十二《山川六·南康府》，四庫全書本。

187 （明）徐宏祖：《徐霞客遊記》卷一《遊盧山日記》，四庫全書本。

乾坤無障礙，遙從瀛海看蓬萊。」[188]

（十五）五老峰

五老峰地處廬山東南，海拔一四三六米，因五個山峰並列聳峙，從山下仰望儼若席地而坐的五位老翁，故名。關於其得名緣由，《潯陽記》載：「（五老峰）橫隱蒼空，回壓彭蠡，其形式如河中府虞鄉縣五老山。」[189]但清代著名文人黃宗羲並不贊成此種說法，他說：「原五老所由名，廬山之峰，此為最高。……又石皆雲母，望之龐眉皓首，與他山異色。由是庵其下者命名白石，二者皆有老之義焉。豈因其形似虞鄉之山，如《潯陽記》所云耶！」[190]

五老峰是廬山著名山峰，其山勢峻峭挺拔，北望長江，東南臨鄱湖，可謂「天下壯觀」。《商邱漫語》云：「自下望之，勢如儷立，自上觀之，相距甚遠。巉削壁立，數百千仞，軒軒然如人箕踞而窺重湖。又如五雲翩然欲飛，湖山煙水，微茫映帶，東南州郡數百千里軒豁呈露，可指顧而盡。」[191]宋南康郡守趙師夏在其文中說：「廬阜之奇甲於天下，而五老之名又冠於廬阜，問廬

---

188 江西省廬山風景名勝區管理局：《廬山歷代詩詞全集》第 9 冊，上海：上海古籍出版社，2010，第 5772 頁。

189 雍正《江西通志》卷十二《山川六》。

190 （清）黃宗羲：《匡廬遊錄》，載吳宗慈編：《廬山古今遊記叢鈔》卷下，重修廬山志總辦事處發行，1932，第 12 頁。

191 雍正《江西通志》卷十二《山川六》。

阜者必以五老對稱。而廬山諸峰皆辟易矣，其謂此山之重如此。」[192]「石鐘山下江如鏡，映出青天五老峰。」[193]歷史上，長江、鄱陽湖是我國橫貫東西、連接南北的水上交通要道。五老峰因其濱江臨湖，兼之高大雄偉，便常常成為文人吟詠的對象，歷代詩文不勝枚舉。古時人們多從江湖之上遠望五老峰，因此甚至它常常代表了廬山的整體形象。故古人對五老峰的評價很高，趙石樑說：「廬山之景盡於東南，故五峰奇絕，竟無有與之相抗者。」[194]李白曾來五老峰，「愛其險峭，歎曰：『天下之壯觀也！』」[195]。因此他曾在五老峰下築太白書堂隱居讀書，並有詩云：「廬山東南五老峰，青天削出金芙蓉。九江秀色可攬結，吾將此地巢雲松。」[196]後人便以李白的號將山下一大峽谷命名為「青蓮谷」。北宋著名藏書家李公擇也曾隱居五老峰下讀書，並藏書九〇〇〇餘卷於山下的白石庵，名曰「李氏山房」。

　　五老峰峰頂在近代以前都是人跡罕到之處，有「目無障礙」隸書字體石刻。明代旅行家徐霞客曾登上五老峰頂，見「峰高水絕，寂無居者」[197]。清初黃宗羲登上五老峰，所見「頂上多野

192 （宋）趙師夏：《六老堂記》，載正德《南康府志》卷八《藝文・文類》，上海：上海古籍書店影印本，1982，第 6 頁

193 （明）張治：《登石鐘山望廬山》，載李攀龍：《古今詩刪》卷三十三《明七言絕句》，四庫全書本。

194 雍正《江西通志》卷十二《山川六》。

195 雍正《江西通志》卷四十一《古跡》。

196 （唐）李白：《李太白文集》卷十八《歌詩三十六首》，四庫全書本。

197 （明）徐弘祖：《徐霞客遊記》卷一《遊廬山日記》，四庫全書本。

棠，枝幹覆地而生，結實殊大，食之如蔗糖。杜鵑根老不著土，松亦不多，而特怪醜。其他草木則寒苦不能生矣。」嘉慶九年（1804），江西靖安籍文人舒夢蘭登五老峰，見其「了無樵徑，蓋其上多虎，不敢樵也」，而「五老之石皆堅整雄秀奇倔有勢，無纖塵，木多枯朽，不能長草」。[198]但「雲氣愛迷五老峰」。[199]近現代，五老峰是廬山登山遠眺、觀雲海、看日出的理想地點。其山麓則環境清幽，「浮圖老子之宮皆在其下」[200]，著名的寺觀有盧白館、白石庵、海會寺等。五老峰的松樹是一大奇觀，人稱廬山松。清代吳煒《廬山續志》載：「范㣙曰：『五老峰松俱數十百年物，而負形爭狀，株株異觀。長僅二三尺許，皆盤結幾層，有磊砢之勢，其松針較山下者短而粗。』邇來土民防猛獸，每自下縱火燒去，叢茅烈焰所至，蒼枝不守。」而吳宗慈在其《廬山志》中又提到：「第近十年來，日本人常出重價購之，連根掘伐，孑餘無幾矣。」[201]可見，近代廬山生態環境遭到嚴重的破壞，尤其廬山松被毀嚴重。

　　五老峰第一峰上有亭，名「待晴亭」。一九三三年夏，福建商人林菽莊來廬山遊覽，行至此處遇驟雨，山頂無處可藏，衣服鞋子全被雨淋濕了。於是，林菽莊捐資在此修建觀景亭一座，取

198　（清）舒夢蘭：《遊山日記》卷十，第 440-441 頁。

199　（清）查慎行：《敬業堂詩集》卷二十二《重過湖口望五老峰》，四庫全書本。

200　（宋）祝穆：《方輿勝覽》卷十七《南康軍》。

201　（民國）吳宗慈：《廬山志》（上冊），第 247 頁。

名「待晴亭」，大大方便了過往遊客。待晴亭立於峰頂，高入雲端，本身成為一處絕好的景致，遊客即可在此休憩、觀景，又可躲避雷雨。

（十六）白鹿洞

　　廬山優越的區位條件與秀美的自然風光吸引了許多文人來此隱居讀書。白鹿洞書院，位於廬山五老峰南麓的後屏山之陽，此地四山環合，俯視似洞，就是因文人隱居讀書而興起的一處名勝。唐貞元時期（785-805），河南洛陽人李渤與其仲兄李涉在此隱居讀書，他們馴養了一隻白鹿，山村鄉民視之為神，人們就稱李渤為「白鹿先生」或「白鹿山人」。唐穆宗時，李渤被召為考功員外郎。長慶元年（821），李渤調任江州刺史，「乃即洞創台榭，環以流水，雜植花木，為一時之盛」[202]。對於白鹿洞的興起，《商邱漫語》云：「唐時人士多棲隱山谷以獵聲華。故司馬子微目終南為仕宦捷徑。不獨廬山，當貞元元和中，符楊輩居廬山者三數十人，不獨渤兄弟。但它仕者所治不所隱，無以彰顯之。故隱居汩沒無聞。自樂天赴杭州過草堂才信宿即去。獨渤刺江州為能侈而大之。此鹿洞所以聞於世也。」[203]「其後，唐末兵亂，郡縣學校高雅之士往往讀書講藝其中。」[204]於是，白鹿洞在

202 （宋）陳舜俞：《廬山記》卷三《敘山南篇第三》，四庫全書本。

203 （明）桑喬：《廬山紀事》卷七《白鹿洞書院》，臺北：成文出版社有限公司，1989，第 400 頁。

204 （明）桑喬：《廬山紀事》卷七《白鹿洞書院》，第 396 頁。

此基礎上逐漸發展成為後世著名的書院。

南唐昇元四年（940），在中主李璟的支持下，「因洞建學館，署田以給諸生，學者大集，以國子監九經李善道為洞主」[205]，是為盧山國學。盧山國學又名白鹿國庠、白鹿洞國學、盧山國子監、盧山書堂，是當時與南唐都城金陵秦淮河畔的國子監並列的全國兩大學府之一，學徒常多達數百人。建隆二年（961），李璟由金陵遷都南昌途中重遊盧山，親自視察了盧山國學。後主李煜也十分重視盧山國學，因此盧山國學成為五代時期一所著名的學校和重要的文化學術交流中心。盧山國學以教授生徒孔孟經典和史籍、詩文為主，培養了李中、劉鈞、楊徽之等大量優秀學生。

北宋初年，江州地方人士在南唐盧山國學舊址上建起了一所書院，生徒少時數十人，多則近百人不等。太平興國二年（977），江州知州周述上書請朝廷將國子監刻印的《九經》賜給書院，以供生徒閱覽。咸平四年（1001），宋真宗趙恒下令給全國各地學校、書院發送國子監印本經書和修繕孔子廟堂。因此，咸平五年（1002）白鹿洞又得到修整，並塑造了孔子及其弟子像。皇祐五年（1053），曾任禮部郎中的孫琛「以家資置學館十間，扁曰『白鹿書堂』，以教子弟讀書，學者稟之」[206]。皇祐六年（1054）春，白鹿書堂毀於兵燹，在此後較長的時期裡，白鹿

205　（宋）陳舜俞：《盧山記》卷三《敘山南篇第三》，四庫全書本。
206　雍正《江西通志》卷九十一《人物‧二十六》。

洞書院未得到恢復。

南宋淳熙六年（1179），著名理學家、教育家朱熹知南康軍。同年秋，朱熹親臨白鹿洞勘查北宋書院遺址，「見其四面山水清邃環合，無市井之喧，有泉石之勝，真群居講學遁跡著書之所」[207]，但書院「不過小屋三五間」[208]。於是，朱熹一面派軍學教授楊大法、星子縣令王仲傑等籌措重建白鹿洞書院，一面呈報禮部尋求支持。朱熹興復白鹿洞的計畫，非但未得到權貴的支持，反而遭到他們的譏笑。但朱熹仍然堅持以一己之力進行白鹿洞書院的復建工作。淳熙七年（1180）三月，白鹿洞書院初步修復，朱熹率領軍縣官吏、書院師生赴書院祭祀先師先聖，舉行開學典禮。當日朱熹升堂講說，講題為《中庸首章》，並作《次蜀掌書落成白鹿佳句》：「重營舊館喜初成，要共群賢聽鹿鳴。三爵何妨奠蘋藻，一編詎敢議明誠。深源定自閑中得，妙用原從樂處生。莫問無窮庵外事，此心聊與此山盟。」[209]此後，朱熹為興復白鹿洞書院，不斷修建書院房屋、購置學田、收集圖書、聘師招生。他在總結前人辦學所訂規制以及禪林清規經驗教訓的基礎上，制定了《白鹿洞書院揭示》，這一學規對後世書院辦學產生了深遠的影響，直至今日仍然有很大的借鑑價值。朱熹在白鹿洞書院採取了多種多樣的教學形式，此後其門人子弟不斷發展完

---

207 （宋）朱熹：《晦庵文集》卷九十九《白鹿洞牒》，四庫全書本。

208 （宋）朱熹：《晦庵文集》卷二十《申修白鹿洞書院狀》，四庫全書本。

209 （宋）朱熹：《晦庵文集》卷七，四庫全書本。

善，從而形成一種相當完備的書院教學組織形式，「於是天下學者響往以為宗焉」[210]。淳熙八年（1181），與朱熹持不同學術觀點的著名思想家陸九淵應邀來白鹿洞講《喻義》，這成為古代開展學術爭鳴的典範。同年，朱熹調任提舉兩浙東路常平茶鹽公事。此後，白鹿洞書院得到宋孝宗的特准以及地方官員、紳士、學者們的多方支持，得以繼續維持。但白鹿洞書院真正發展成為規模巨集壯，影響巨大的大書院則是在「嘉定更化」之後。嘉定十年（1217），朱熹的兒子朱在以大理寺正知南康軍，繼續修建白鹿洞書院，使「其規模巨集壯，皆它郡學所不及，於康盧絕特之觀甚稱，於諸生講肄之所甚宜。」[211]此後，白鹿洞書院不斷得到朱熹的門人弟子的擴建，從而進入繁盛期。

「碧瓦參差儼杏壇，白雲深鎖洞門閑。」[212]元代的白鹿洞書院亦稱朱晦翁書院，但由於元初統治者不重文教，白鹿洞書院景象漸趨蕭條。約為至元二十六年（1289），由於「齋藏不戒於火，百年儒宮一夕湮滅，斯文之厄極矣！」[213]此後，在南康路總管陳炎酉和白鹿洞師生的努力下，書院又得到一定程度的修

---

210 （元）虞集：《白鹿洞書院新田記》，載雍正《江西通志》卷一百二十八《藝文·記七》

211 （宋）黃榦：《免齋集》卷二十《南康軍新修白鹿書院記》。

212 （元）傅習：《元風雅》前集卷九高若鳳《游白鹿洞書院》，四庫全書本。

213 （元）馬廷鸞：《碧梧玩芳集》卷十七《廬山白鹿洞書院興複記》，四庫全書本。

復。元大德年間（（1297-1307），郡守崔翼之為書院增置良田百畝，因此白鹿洞書院此時仍有所發展。虞集在《朱文公〈白鹿洞賦〉草跋》中講到：「嘗泛彭蠡，登匡廬，升斯堂，三復於斯文矣」[214]，並為之作《白鹿洞書院新田記》。因此，明初才子解縉曾言：「白鹿洞書院在元尤盛。」（解縉《廬陽書屋記》，載《解文毅公集》。）至正十一年（1351），白鹿洞書院毀於兵燹，書院建築蕩然無存。元至正二十六年（1366），王禕來廬山在其《游白鹿洞記》中寫道：「書院毀已十五年，樹生瓦礫間，大且數圍」，「昔日規制不可見，惟聞山鳥相呼鳴，山谷間餘韻悠揚，恍類弦歌聲」。[215]

明初，朱元璋在南京修建宮殿，自廬山伐取大木，白鹿洞書院數百年之大樹遭到砍伐。同時，由於明初重視官學，書院的發展受到抑制。但是白鹿洞深厚的歷史文化底蘊吸引了大量文人墨客到訪，因此留下眾多詩詞歌賦。明正統三年（1438），在南康知府翟溥福主持下，白鹿洞書院在荒廢八十七年之後得到重建。翟溥福將禮聖殿改名大成殿，禮聖門改為大成門，另建先賢祠祀李渤、周敦頤、朱熹，並以二程、張載、陳灌、劉渙父子從祀。由此，「白鹿書院之名復聞於天下」，[216]此次重建基本奠定了明

---

214 （元）虞集：《道元學古錄》卷十一《文公〈白鹿洞賦〉草跋》，四庫全書本。

215 （明）王禕：《游白鹿洞記》，載程敏政《明文衡》卷二十九《記》，四庫全書本。

216 （明）陳白沙：《陳白沙集》卷一《贈李劉二生使還江右詩序》，四庫全書本。

清以後白鹿洞書院的規模。

　　明正德年間（1506-1521），白鹿洞書院進入另一個興盛時期。蔡清、李夢陽等著名文人來到白鹿洞主持洞事，聚徒講學，影響較大。他們還留下大量與白鹿洞有關的詩文，因此也被後人祠於先賢祠中。正德十三年（1518），王守仁不遠千里派人將手書「致知洞中」刻於石碑上。正德十五年（1520），王守仁來到白鹿洞書院，「徘徊久之，多所題識」。[217]十六年（1521）五月，王守仁又集門人講學於白鹿洞書院，留有詩歌，臨行又資助書院置辦學田。白鹿洞原本有洞名而實無洞，正德初年，「南康守王溱乃辟後山為洞，曰白鹿洞，台於洞上曰思賢台。」[218]。嘉靖十三年（1534），南康「知府何浚鑿石鹿置洞中」[219]。此二人砌洞鑿鹿，可謂附庸風雅，不解其中真義。「何以謂之洞？曰，廬山如仙居洞、蓮花洞，皆無洞，只以四山回合似洞而名，鹿洞亦其類耳。」[220]嘉靖初年，書院在地方官的支持下多有修建，增祀陸九淵於宗儒祠。嘉靖三十五年（1556），著名文人鄒守益來白鹿洞講學。萬曆年間，白鹿洞書院由於受到國家政治環境的影響再次衰敗。首輔張居正出於政治鬥爭的需要極力反對書院講學，稱「聖賢以經術垂訓，國家以經術作人，若能體認經書，便是講明

217 （明）王守仁：《王文成全書》卷三十三《年譜》，四庫全書本。

218 （明）桑喬：《廬山紀事》卷七《白鹿洞書院》，第 405-406 頁。

219 雍正《江西通志》卷十二《山川六》，四庫全書本。

220 （明）桑喬：《廬山紀事》卷七《白鹿洞書院》，臺北：成文出版社有限公司，1989，第 408 頁。

學問，何必又別標門戶」，進而「不許別創書院，群聚黨徒，及號召地方遊食無行之徒，空談廢業」[221]。萬曆七年（1579），張居正決定廢毀全國書院，「賣田以充邊需」。白鹿洞書院「於是改額為祠，散其田十之八九，文室講堂雖倖存，亦且漸圮矣」[222]。張居正死後，鄒元標請求恢復全國書院，得到皇帝批准，白鹿洞書院隨即得到恢復。萬曆三十一年（1603），江西提學副使錢植奉王守仁神主於宗儒祠並祀。宗儒祠原祀周敦頤、朱熹、陸九淵三人，此時則改為四人。萬曆年間，鄒元標、葛寅亮等文化名人先後來白鹿洞書院講學，推動了書院的進一步發展。明末，白鹿洞書院進一步官學化，主要表現為聘請府司理推官主持洞務。

明清鼎革，戰亂頻仍，所幸白鹿洞書院並未遭到大的破壞。清順治四年（1647），南康知府李長春升遷，臨行時捐俸銀作修葺書院的費用。順治七年（1650），聶應井與知府徐士儀等倡捐，連同原有存資修葺書院。李長春與建昌（今永修縣）熊德揚分別作了《重興白鹿洞書院記》和《重修白鹿洞書院禮聖殿記》。順治十年（1653），江西巡撫蔡士英等人陸續將白鹿洞等江西著名書院加以恢復、整頓、聘師、開講。清初仍承襲明代白鹿洞書院推官主洞制，聘知名學者主洞，另派推官監督洞事。這

---

221 （明）俞汝楫：《禮部志稿》卷二十四《考法》，四庫全書本。

222 （明）張元忭：《游白鹿洞記》，載黃宗羲：《明文海》卷三百六十一《記三十五》，四庫全書本。

種監督洞事官員的設置至清末才廢除。順治初，南康知府薛所習又修建書院屋宇，並且增補李應升原訂的《白鹿洞書院志》。但是，清初白鹿洞書院總體上發展不大。順治十七年（1660），黃宗羲訪白鹿洞書院後在其遊記中說：「先聖及從祀皆像設，嘉靖間易天下文廟以主，所以書院得如故。然兩廡模範盡已剝落僵仆，誠不如主之為愈。」[223]此外，其他建築還有宗儒祠、文會堂、先賢祠、彝倫堂等，「規制大略從翟守也」。

康熙朝，文教初興，國家對文化事業相對較為重視。白鹿洞書院因此不斷得到修葺、增建，有了較大的發展。康熙元年（1662），江西巡撫張朝璘帶領府縣官員重建明倫堂、宗儒祠。康熙六年（1667），南康府推官巫之巒、汪士珍相繼兼督洞事，並與其他地方官一齊修葺書院。提學道吳煒為此作《重修白鹿洞書院記》。康熙九年（1670），南康知府廖文英整飭書院，重修書院志，先後聘請星子吳一聖、宜春張自烈等人主持開展會文講學活動。康熙十六年（1677）後，南康知府倫品卓在布政使姚啟聖、提學道邵吳遠的倡捐支持下，對書院房舍大加整修，「以肅廟貌，以妥聖靈，以作士氣」[224]，增建堂、亭、號舍七十四間，修葺房屋六十五間，「瓦礫茂草一時侖英」。康熙二十一年（1682），高璜任江西提學道，主持制定了《白鹿洞書院經久規

---

223 （清）黃宗羲：《匡廬遊錄》，載吳宗慈：《廬山古今遊記叢鈔》卷下，重修廬山志總辦事處發行，1932，第4頁。

224 （清）倫品卓：《請修理鹿洞詳文》，載雍正《江西通志》卷一百四十五《藝文》。

模議》，對洞規、禁約、職事、日用事宜、議注、合用器具，祭器、書籍、每年支給常例，經費、洞租徵收等進行詳細說明。康熙二十二年（1683），江西巡撫安世鼎，提學道高瑛，巡道查培繼等人委託南康知府周燦重修書院。康熙二十四年（1685），禮聘年近八十的南豐名士湯來賀主洞務。湯來賀在白鹿洞整理洞務，宣講經義，制定學規，一時學者雲集。康熙二十五年（1686），康熙皇帝「御書『學達性天』四字匾額，頒發宋儒周敦頤、張載、程顥、程頤、邵雍、朱熹祠堂及白鹿洞書院」[225]，並「頒賜《十三經》、《廿一史》，並《古文淵鑒》《朱子全書》《周易折中》等書」[226]。於是，江西巡撫安世鼎等人增建御書閣於明倫堂前，用於收藏御書。但此後白鹿洞書院並未興盛起來。康熙三十一年（1692），「時讀書洞中者僅二十餘人，大抵洞田所入不以贍廩給」[227]，唯祠廟、書堂等建築眾多，規模宏大。同年，巡撫宋犖赴洞整頓規制，增田講學。康熙三十二年（1693），江西巡撫馬如龍赴白鹿洞書院課士、評卷，並聘熊飛渭主講。康熙四十八年（1709），南康府學教授、兼主白鹿洞書院教事熊士伯請求建專祠祭祀朱熹，得到江西巡撫郎廷極等人的支持，祠建成後定名「紫陽祠」，朱熹門徒林用中等十五人則由

---

225 《清聖祖實錄》卷之一百二十八，丙申（康熙二十五年）。

226 （清）蔡瀛：《廬山小志》，載《故宮珍本叢刊》第 260 冊，海口：海南出版社，2001，第 158 頁。

227 （清）查慎行：《廬山紀遊》，載張成德編《中國遊記散文大系‧江西卷》，第 261 頁。

宗儒祠隨遷從祀。這是白鹿洞書院為朱熹及門徒設專祠的開始。南康知府張象文為此撰文《文公朱子專祠碑記》。康熙五十四年（1715），星子知縣毛德琦奉委協理書院事務。毛德琦在白鹿洞書院課士評文，修葺房舍，清理田畝，整復規制，重修書院志。康熙五十八年（1719），《白鹿書院志》重修完成，共十九卷。

　　儘管清初白鹿洞書院得到了較好的建設，「但是隨著手工業、商業經濟的發展，中心城市的作用愈加明顯，此時大師講學，士子求學，趨於通都大邑。『依山林，即閑曠』而建的古代書院，逐漸失去學術中心的地位」[228]。白鹿洞書院的文化影響呈現日益縮小的趨勢。

　　此後，雍正、乾隆、嘉慶、道光、咸豐、光緒歷朝對白鹿洞書院均有修建。乾隆皇帝曾作《白鹿洞詩》和《白鹿洞賦》各一篇，另賜「洙泗心傳」匾額一幅，以示重視。乾隆五十年（1785），建昌（今永修）進士郭柞燫主洞講學，從者達三百人之多。乾隆五十二年（1787），江西提督學政翁方綱視察白鹿洞，並講學其中。嘉慶以後，白鹿洞書院，生徒數量在百人上下，但文風不振，處於日漸衰敗的過程中。道光時期，白鹿洞書院在地方撫台及文士的支持下，勉強得以為繼。咸豐三年（1853），因太平軍戰亂，書院屋宇遭到嚴重破壞，陷於停辦。咸豐七年（1857），星子解元潘先珍撥本縣團練經費修葺白鹿洞

---

228 轉引自《清初白鹿洞書院的興盛》，白鹿洞書院網站：http://www.chbailu.com/shihua.asp

書院。咸豐十年（1860），白鹿洞書院恢復辦學，但僅有生童四十名。同治年間，書院略有修補。此後，西學東漸大勢所趨，光緒二十七年（1901），清政府下令改書院為學堂。次年，白鹿洞書院停辦，洞田歸南康府中學堂管理，田租為中學堂經費。宣統二年（1910），在書院舊址上成立了江西高等林業學堂。

民國時期，書院遺址曾遭火災，藏書大部分被焚。此後，書院偶有修整，但終又日益頹壞。二十世紀三〇年代，蔣介石在盧山舉辦的軍官訓練團曾一度佔用書院院舍。抗戰時期，書院又遭到日軍破壞，古樹名木多被伐作軍需。抗戰勝利後，蔣介石曾表示白鹿洞書院將由中正大學接管，作為中正大學的永久校舍。但隨著蔣家王朝的土崩瓦解，這個計畫終未實現。

（十七）五大叢林

盧山自古寺廟眾多，其中歸宗寺、秀峰寺、海會寺、棲賢寺、萬杉寺並稱「盧山五大叢林」，由於這五座寺廟均在盧山東南部，故又稱為「盧南五大叢林」。

1. 歸宗寺

如前所述，歸宗寺是盧山第一座寺廟。東晉大書法家王羲之曾在九江為官，他在盧山金輪峰下的玉簾泉附近營建別墅，用以練習書法。不久，王羲之調離江州，遂舍宅為寺。東晉義熙年間，罽賓人佛陀耶舍來到歸宗寺，對之進行了修葺。佛陀耶舍

「聰明強記，年十九，誦大小乘經數百萬言」[229]，乃東晉名僧，在廬山曾加入慧遠主持的蓮社。唐貞元（785-805）、寶曆（825-826）年間，赤眼禪師住持歸宗寺，「始大興禪剎」，「土木之盛山南為冠」[230]，他的到來使歸宗寺成為著名的南禪宗寺廟。赤眼禪師即禪宗「南天八祖」馬祖道一的法嗣[231]，法名智常，信州貴溪（今鷹潭貴溪市）人，童年出家，立志明心見性。「師以目有重瞳，遂將藥手按摩，以致目皆俱赤，世號赤眼歸宗焉」。[232]智常住持廬山歸宗寺期間，與江州刺史李渤來往甚密，同時智常佛學造詣高深，門人弟子眾多，影響巨大。據《五燈會元》記載，唐貞元時，白居易曾「微服而侍智常於歸宗」。智常圓寂後，朝廷敕諡「至真禪師」。此後，歸宗寺名僧輩出，香火鼎盛。寺前有棵複生松，相傳為智常禪師手植。「會昌毀佛」期間歸宗寺遭到重創，佛像散佚殆盡，此後逐漸得到恢復。

歷史上，廬山佛道競衍，位處山南的歸宗寺與相距約十里的道教聖地簡寂觀比肩而立。廬山有聯云：「簡寂觀中甜苦筍。歸

---

229 （明）桑喬：《廬山紀事》卷三《歸宗寺》，臺北：成文出版社有限公司，1989，第 202 頁。

230 （宋）陳舜俞：《廬山記》卷三《敘山南篇第三》，四庫全書本。

231 今人根據《五燈會元》記載，常認為智常為六祖慧能法嗣，考之慧能於唐玄宗先天二年（713）圓寂於國恩寺，與智常生活年代相距百年之久，可見其記載有誤。因而本文參照《景德傳燈錄》的記載，智常應為馬祖道一禪師法嗣。

232 （宋）釋普濟：《五燈會元》卷三《馬祖道一禪師法嗣》，四庫全書本。

宗寺裡淡鹹虀」[233]據宋代吳曾考證，「甜苦筍」和「淡鹹虀」是簡寂觀與歸宗寺裡的兩項物產。[234]但這幅對聯卻蘊含了另一層深意。所謂「參禪得味鹹虀淡，得道忘憂苦筍甜」[235]，南宋著名詩人王十朋的點評反映了簡寂觀與歸宗寺的深厚宗教文化底蘊，更彰顯了其中宗教界的影響力。

北宋嘉祐年間（1056-1063），周伯祥重修歸宗寺，「寺壯麗甲於山南諸剎」[236]。元末，歸宗寺因遭兵燹而盡毀。明洪武時期，僧人道淏、懷瓚、慧清等又相繼修復僧堂的建築。嘉靖年間，湖北黃梅縣舉人邢懋學「博學高才」，來此創建長松館，與紫陽大師等友人效仿東晉慧遠結社廬山之舉，隱居歸宗寺，使其聲名一度重振。萬曆年間，釋果清重修歸宗寺。果清本名沈真可，字達觀，世稱達觀大師，「兒時志氣雄放，不可羈勒」，十七歲時在蘇州虎丘聽僧人夜誦經文，「名心大悅，即剃髮」[237]。達觀與明皇室來往密切，慈聖皇太后敕歸宗寺藏經六百七十八函。萬曆十二年（1584）、二十七年（1599），朝廷先後頒佈護

233 （宋）陳舜俞：《廬山記》卷二《敘山南篇第二》，四庫全書本。

234 參見（宋）吳曾：《能改齋漫錄》卷十五《方物》。

235 雍正《江西通志》卷一百五十七《藝文·詩十一》。

236 （明）桑喬：《廬山紀事》卷三《歸宗寺》，臺北：成文出版社有限公司，1989，第 200 頁。

237 （清）錢謙益：《達觀大師傳》，載（清）毛德琦：《廬山志》卷四《歸宗寺》，《四庫全書存目叢書》本。

敕兩道,「墨書黃紙,上俱用御寶」**238**。果清於是在歸宗寺建藏
經閣,為一時之盛。明末,歸宗寺於戰亂中被毀。

　　清順治年間,歸宗寺得以重修。康熙統治時期,迦陵國師性
音應許兆麟之邀從瀋陽來到廬山,修建佛殿三座、禪堂、客堂、
齋堂數十楹,增置產業。因此,康熙統治時期,「廬山南北梵宇
巨麗宏壯此為第一」**239**。性音與雍親王即後來的雍正皇帝關係
密切。雍正元年(1723),供職京師大覺院的性音和尚再次南下
廬山,並從此留在歸宗寺。性音圓寂後,真身遷葬北京西山大覺
寺,歸宗寺前約一里處建有迦陵國師塔,塔側立有御碑亭。雍正
皇帝追贈其迦陵國師封號,並賜諡號,其語錄著入藏經。雍正六
年(1728),雍正皇帝建行宮於歸宗寺洗墨池北側。雍正八年
(1730),因「歸宗寺前沃壤平曠,禾稷暢茂,望之若雲」**240**,
特敕賜寺名為「瞻雲寺」,並賜匾「慈遍廬峰」。在帝王的直接
扶持下,歸宗寺又一度十分興盛。乾隆五年(1740),賜藏經八
櫃於瞻雲寺毗盧殿,並建藏經閣。乾隆四十六年(1781),撥給
庫款修理,寺宇每年由藩庫濠租項下支領銀二十四兩,為香燈之
資。咸豐三年(1853),瞻雲寺在太平軍與清軍的戰火中被毀
壞。同治三年(1864),僧人荊壁重修大殿、護法堂,又與僧人

---

238 (清)查慎行:《廬山紀遊》,載張成德等編:《中國遊記散文大系.
　　　江西卷》,太原:書海出版社,2002,264頁。

239 同上。

240 雍正《江西通志》卷四十一《古跡》。

玲瓏、空谷共修彌勒殿。其後，瞻雲寺住持覺善、修梅重建方丈、古松堂、衣缽寮、關帝廟等建築。光緒十九年（1893），修梅請藏經於京師，「總管內務府奏請援例，自備工料，赴柏林寺藏《龍藏經》板處印刷」**241**。清代，當地有「鬧歸宗」的風俗也與迦陵國師有關。當年迦陵國師禁止婦女入寺，但每年正月十五國師登座向大眾說法，當日解除婦女入寺之禁。百姓當日進歸宗寺可四處參觀遊覽，無有禁忌，因此名曰「鬧歸宗」。

歸宗寺名人詩文眾多。「書聖」王羲之與歸宗寺的淵源關係，賦予了歸宗寺文化上的神聖性與象徵性，為後世歸宗寺的繁盛奠定了堅實的基礎。《方輿勝覽》載：「（歸宗寺）即王羲之宅，墨池、鵝池存焉。」**242**可見，與王羲之有關的文化遺跡成為寺內重要的景觀，也是吸引文人到訪的主要因素之一。「往昔王內史，瓣香有餘煙。千年今一歸，景物還依然。」**243**宋代大儒朱熹有的詩從內心深處表達了對王羲之的追慕之情。因此，歸宗寺不僅是廬山佛教的重要道場，更成為一個重要的文化聚合之所。「踏破匡廬百萬重，不知何處是歸宗。」**244**文人的推崇造就了歸宗寺不少人文景觀。「歸宗寺有翔鸞展翼之勢，因名其溪曰鸞溪。」**245**顯然，鸞溪的名字被賦予了更多的文學色彩。

241 （民國）吳宗慈：《廬山志》（上冊），2000，第 372 頁。

242 （宋）祝穆：《方輿勝覽》卷十七《南康軍》，四庫全書本。

243 （明）李賢等：《明一統志》卷五十二《南康府》，四庫全書本。

244 （明）鄒元標：《願學集》卷一，四庫全書本。

245 （宋）曾慥：《類說》卷七《唐寶記》

2. 秀峰寺

　　歸宗寺富於文人氣質，那麼秀峰寺則頗具帝王氣象。秀峰寺，又名開先寺，位於山南鶴鳴峰下。傳說梁昭明太子蕭統曾隱居此地讀書，但並無史書記載，應為臆斷附會之說。真正曾隱居此地讀書的是南唐中主李璟。李璟年少時「好文無經世之意，喜物外之名，間舍於五老峰下，欲蟬蛻冠冕之間，鳳鳴林丘之表。有野夫獻地焉，山之勝絕處也，萬金買之以為書堂。」[246]。南唐升元七年（943），李璟登基即位後，「未嘗一日忘廬山」，遂將隱居舊所改為寺廟，取「開國先兆」之意，名開先寺，以丫山道人紹宗為住持。著名文人馮延巳曾撰《開先寺記》以紀其事，文中引用李璟的話說：「此寺基是朕思欲遁世之地，棄之則草莽可惜，構之則棟宇無名。不若建興伽藍，以居僧眾，示人至理，亦助化之一端。」[247]李璟貴為一國之主，兼富文采，「時時作為歌詩，皆出入風騷」[248]，他的事蹟使廬山增色不少。因此，開先寺於是成為廬山著名的寺廟之一。

　　北宋太平興國二年（977），朝廷賜名「開先華藏」，開先寺進入又一個繁盛時期，僧人多達數百，成為當時著名的禪林。北宋熙豐年間（1068-1085），僧人行瑛重修開先寺。行瑛「能立

246　（宋）黃庭堅：《開先禪院修造記》，載毛德琦：《廬山志》卷五《山川分紀四》，第 679 頁。

247　（南唐）馮延巳：《開先寺記》，載毛德琦：《廬山志》卷五《山川分紀四》，第 678 頁。

　248　（宋）佚名：《釣磯立談》，四庫全書本。

事、任人、役物如轉石於千仞之溪」，住持開先寺期間，寺中建築「四百楹成於瑛世者十之六，窮狀極麗，迄九年乃即功。方來之眾與其勤舊，雖千人宴坐，經行冬夏，無不得其所求」[249]。明洪武時期僧人清江，永樂時期僧人智勝，正統時期僧人道曇相繼對開先寺進行了修葺。明天順年間，僧人大然上書朝廷請賜額。但明末開先寺逐漸衰弱荒廢。

清順治年間，僧人曹源募資重修開先寺。康熙二十八年（1689），江西巡撫宋犖又重修開先寺，延請智淵和尚（又名心壁）住持。因此，開先寺中設牧仲講堂，以資紀念。康熙五十二年（1713），康熙皇帝南巡至杭州，御書心經一卷，命江西巡撫張志棟親賫供奉寺內。因寺廟殿堂荒廢，「非所以重朝廷，肅觀瞻也」，於是張志棟及其僚屬捐俸對之進行重修，並建御書樓供奉御賜匾額，「名山氣象，蔚乎改觀」[250]。康熙四十六年（1707）。康熙皇帝第六次南巡，開先寺僧人超淵前往淮安迎候，並隨行至松江，獲賜御書「秀峰寺」匾，開先寺由此改名為秀峰寺。太子胤礽則為秀峰寺題寫「漉松雪」三字，並賜以趙孟頫的《法雲渡海圖》。此後，秀峰寺日漸興盛。康熙四十八年（1709），江西巡撫郎廷極又對秀峰寺進行了修葺。康熙五十九年（1720），江西巡撫白潢又重修大殿、御書樓，並置香火田。當時，御書樓

---

249 （宋）黃庭堅：《開先禪院修造記》，載毛德琦：《廬山志》卷五《山川分紀四》，第 680 頁。

250 （清）郎廷極：《秀峰寺記》，載毛德琦：《廬山志》卷五《山川分紀四》，第 675 頁。

「金碧輝煌，美輪美奐」。[251]咸豐三年（1853），秀峰寺毀於太平軍與清軍的戰火之中。同治六年（1867），僧人慧通重建大覺堂、禪堂，並重塑毗盧佛。同治八年（1869），僧人志松陸續補修，但大殿工程浩大，未能建複。

　　秀峰寺不但古木參天，建築挺拔，風景優美，而且古跡繁多。有李璟讀書台，清代康熙南巡時所辟的雙桂堂，以及聰明泉、浴仙池等。歷代摩崖石刻更是古代書法名家作品的露天展覽，著名的有顏真卿的「大唐中興頌」、黃庭堅的「七佛聖」、米芾的「第一山」、王守仁的「記功碑」和康熙的「秀峰寺」等。

3. 棲賢寺

　　棲賢寺在盧山山南石人峰下的棲賢谷中，寺廟周圍環境清幽，景致秀麗，五老峰、漢陽峰列其左右，更有三峽澗從此流過。南齊永明七年（489）諮議參軍張希之奏請建寺於潯陽（今九江）西二十里。唐寶曆年間（825-826），刺史李渤將該廟遷至盧山，因李渤曾在盧山隱居讀書，故寺名棲賢，延請著名僧人智常住持。「智常學者數百人，春夏居棲賢，秋冬居歸宗。」[252]唐會昌法難中，棲賢寺廟宇被毀。景福年間（892-893），僧人懷祐復興棲賢寺，改名為棲賢報國禪院，以示對朝廷的歸附。乾寧年間（894-897），又改名為護國棲賢寺。至南唐時，「寺益大振，

---

251 （清）范昌治：《盧山秀峰寺志》卷首《宸翰》，載白化文、張智主編《中國佛寺志叢刊》第 17 冊，揚州：廣陵書社，2006，第 68 頁。

252 （宋）陳舜俞：《盧山記》卷三《敘山南篇第三》，四庫全書本。

存當時制書猶十餘本」[253]。中主李璟遷都洪都（今南昌），常來棲賢寺遊覽，為後世留下「駐節亭」等相關名勝古跡。此後，又有行因禪師居廬山佛手岩學道，後主李煜「禮重之，詔居棲賢寺」[254]。

北宋，祖無擇知南康軍，曾遊棲賢寺，並作《遊棲賢》詩。因他勤政愛民，頗受百姓愛戴，離任後，地方百姓在棲賢寺旁為其建愛堂，以示紀念。元豐四年（1081），僧人智遷募資對棲賢寺進行修葺，並請在江西高安的蘇轍為其作文以紀之。蘇轍在文中對棲賢寺的評價很高，曰：「茲山之盛，棲賢蓋以一二數矣。」[255]後來，蘇軾亦曾到訪棲賢寺。朱熹知南康軍時，在棲賢寺側建劉西澗祠，供奉東晉高士劉凝之。明洪武年間，「寺以造偽鈔廢」[256]，後為民居。萬曆三十六年（1608），給諫陳赤石在舊址上重建棲賢寺，廟宇朝南。後來，南康知府袁懋貞又將寺廟改為東向，從此寺廟日漸蕭條，未見復興跡象。清順治十一年（1654），僧人釋函罡重修該寺，寺東建有淨成精舍。康熙六年（1667），釋函罡的弟子石鑒募集資金重建棲賢寺，將殿堂重新調整為南向，並在地下挖得舍利一瓶，於是建塔藏之。嘉慶九年（1804），靖安文人舒夢蘭來廬山避暑，其先住在棲賢寺，所見

253 （宋）陳舜俞：《廬山記》卷三《敘山南篇第三》，四庫全書本。

254 （清）吳任臣：《十國春秋》卷三十三《南唐十九》，四庫全書本。

255 （宋）蘇轍：《廬山棲賢寺新修僧堂記》，載雍正《江西通志》卷一百二十三《藝文・記二》，四庫全書本。

256 （清）毛德琦：《廬山志》卷六《山川分紀五》，第716頁。

「佛堂鑄生鐵為塔，七層下貯舍利，更有舍利藏樓上，……寺中藏書頗富，……」[257]。咸豐四年（1854）、六年（1856），棲賢寺連遭兵燹，殘破不堪。兩年後，僧人廣修重建佛堂、齋舍。同治七年（1868），僧人朗笙又重建山門，修葺佛堂。

棲賢寺的鎮寺之寶是《五百羅漢圖》。清康熙四十年（1701），蘇州布政使金世楊請當時著名畫家許從龍作《五百羅漢圖》二百幅，歷時六年得以完成。康熙五十一年（1712），《五百羅漢圖》被運至廬山，保存於棲賢寺內，被傳為美談。《五百羅漢圖》現存一一二幅，每幅縱二七四釐米，橫一二五釐米，紙本設色。畫面鈐有江蘇布政使金世揚朱文方印及康有為鑒賞印等。《五百羅漢圖》裝潢精美，篇幅巨大，得到眾多好評。康有為曾有詩雲：「圖寫羅漢三百幅，變幻雄奇似貫休。如如不動鎮廬阜，千古同傳許虎頭。」一九八〇年，被列為國家一級藏品，現收藏於廬山博物館內。

「廬山之谷以三，數棲賢為大，又多奇勝，人樂遊之。」[258]棲賢寺不僅是廬山山南古剎，而且是歷代文人墨客登臨遊覽匡廬秀色的常到之地，留下大量的詩文與石刻。「寺有三峽橋為廬山之雄觀。」[259]三峽橋由於受到大文豪蘇軾的特別推崇，與漱玉亭並稱「匡廬二絕」。其詩云：「吾聞太山石，積日穿線溜。況此

---

257 （清）舒夢蘭：《遊山日記》卷一，上海：宇宙風社，1936，第 3 頁。

258 康熙《大清一統志》卷二百四十三《南康府》，四庫全書本。

259 （宋）祝穆：《方輿勝覽》卷十七《南康軍》，四庫全書本。

百雷霆，萬世與石鬥。深行九地底，險出三峽右。長輸不盡溪，欲滿無底竇。跳波翻潛魚，震響落飛狖。清寒入山骨，草木盡堅瘦。空濛煙靄間，澒洞金石奏。彎彎飛橋出，激激半月轂。玉淵神龍近，雨雹亂晴晝。垂瓶得清甘，可咽不可漱。」[260]黃庭堅亦曾為之作銘。三峽橋又名棲賢橋，始建於宋祥符七年（1014），是我國現存最早的石拱橋之一，被譽為「南國橋樑建築上的一顆明珠」。橋拱由花崗岩鎖扣而成，共七排一〇七塊，每塊重達一噸左右，鑿有「公母榫」相互連接築成橋拱，造橋工藝十分精良。地方百姓在橋前立廟，祀奉觀音菩薩，因此該橋又稱觀音橋。民國十六年（1927），有臺山人李煜堂等人募資為棲賢橋增建石欄，令其更為安全、美觀。此外，這裡還有唐代茶聖陸羽評定的天下第六泉——招隱泉以及玉淵潭、金井等諸多名勝。

4. 萬杉寺

萬杉寺位於盧山慶雲峰下，原名慶雲庵，唐代文人劉軻於天寶年間曾隱居於此。宋景德年間（1004-1007），僧人大超「有戒行，受知仁廟，嘗即山手植杉萬本」，天聖年間（1023-1032）「賜今名，並御書『金佛寶殿』額」[261]，同時諭令寺廟周圍「禁剪伐」[262]，廟宇由是大興。寺旁有宋仁宗所題「國泰清淨」，槐京所題「龍虎嵐慶」等摩崖石刻。此後，該寺遭兵燹而毀，寺中慶

260 （宋）蘇軾：《東坡全集》卷十三《棲賢三峽橋》，四庫全書本。

261 （清）毛德琦：《盧山志》卷五《山川分紀四》，《四庫全書存目叢書》，第 239 冊，濟南：齊魯書社，1997，第 716 頁。

262 （宋）黃震：《黃氏日鈔》卷三十四《詩賦》，四庫全書本。

雲、暖翠二亭亦毀。

　　洪武四年（1371），僧人德昭重建萬杉寺，二十六年
（1393），被設為講寺叢林[263]，「叢林幾乎皆其盛者矣」[264]。萬
曆四十五年（1617），僧人恒再對萬杉寺進行了修葺。據桑喬
《廬山紀事》載：「寺後有三分池，池水出於山椒，寺僧作石龍
首引水出龍口中，下注池，石水跳躍如珠，因更名散珠池，亭其
上，曰散珠亭。」明末，廟宇又毀。順治十七年（1660），黃宗
羲遊廬山，所見萬杉寺「焚蕩之後，屋皆茅苫，龍首亦不出
水」[265]。康熙初年，臨濟宗僧人剖玉來此，「規模乃始備，正殿
巍然，兩序翼然，方丈、客堂、庖廚之屬秩秩然，鐘鼓之閣鼎鼎
然」[266]。康熙七年（1668），在嚴自明、余應魁、李狋霄、塗應
泰、彭士聖等江西地方官員的支持下，萬杉寺的佛像、經樓、山
門等得到翻新，於是「叢林復盛」。清末，萬杉寺頹敗，古跡無
存。

　　自宋以降，歷代名人來萬杉寺多有吟詠。蘇轍詩云：「萬本
青杉一手栽，滿堂金氣自天來。」[267]此詩行文著字通透灑脫，直

---

263 宋代開始流行將佛寺分為禪、教、講三類，朱元璋則以皇命加以規
定。

264 （清）黎元寬：《重修萬杉寺記》，載（清）毛德琦：《廬山志》卷五
《山川分紀四》，第 704 頁。

265 （清）黃宗羲：《匡廬遊錄》，載吳宗慈編：《廬山古今遊記叢鈔》卷
下，重修廬山志總辦事處發行，1932，第 4 頁。

266 同上。

267 （宋）蘇轍：《欒城集》卷十，四庫全書本。

接反映了北宋時期萬杉寺的繁榮氣象。另外，朱熹、戴復古、王十朋、劉廷誥、王士性等文化名人來此均有詩作，但遺憾的是萬杉寺石刻稀少，不知何故。

5. 海會寺

海會寺位於廬山之南五老峰下，面臨鄱陽湖，是觀賞五老峰的最佳位置。海會寺由僧人西來創建於明萬曆四十六年（1618），初名海會庵[268]。清嘉慶二十二年（1817），僧人旦雲重修海會寺，咸豐三年（1853）又遭戰火毀壞，後僧人至善與其弟子惺吾重建。光緒年間，至善繼續募資重建海會寺，「殿宇宏敞，有藏經閣凡三層。登樓縱眺，風景絕勝。」[269]。寺門外有半月池，內種蓮花。寺中珍貴藏品有趙孟頫書繪《妙法蓮華經》[270]、心月和尚手鐫《五百羅漢圖》拓本以及普超和尚血書《華嚴經》等。寺中有九老堂，其得名為至善和尚與南康知府王延長、白鹿洞山長華祝三、南康監院饒樹榮曾對坐五老峰，四人共二百九十六歲，故名。

---

268 2005 年，廬山北部蓮花洞附近的一處頗具規模的古寺廟內，發現一石刻的正面是行楷「海會寺」三個大字，有「時唐證聖元年乙未歲」落款。因此，有專家認為海會寺很可能始於唐代，會昌毀佛使其遭到破壞，由此導致明代海會寺位移至五老峰下。但這一說法尚無充足的材料支援。

269 （民國）吳宗慈：《廬山志》（上冊），胡迎建注釋，南昌：江西人民出版社，2000，第 258 頁。

270 方志學家吳宗慈認為這不是趙孟頫真跡，但「所畫工筆極佳，正不必藉孟頫以為重耳」。參見吳宗慈：《廬山志》（上冊），第 259 頁。

　　至善和尚圓寂後，經寺內僧眾一致推舉，普超和尚出任住持。普超，江西都昌人，本名戴聖謙。普超和尚曾耗時三年，血書《華嚴經》八十一卷、《梵綱經》三十卷、《行願品》三十卷。這一百四十一卷佛經浸透了普超的心血。真所謂「十指瀝乾，一心不動，晏如也！」普超任住持期間，海會寺信眾倍增，香火盛極一時。光緒二十五年（1899），普超在海會寺大開戒壇，傳戒得度弟子八〇〇餘人。時隔九年，光緒三十四年（1908），普超在寺內又戒法重宣，度弟子數十人。在普超住持海會寺的十餘年中，寺廟積資甚豐，置寺田八十餘畝，建莊屋八所，修建了華嚴靜室，廟宇規模宏大，弟子眾多，海會寺遂成為匡廬境內的五大佛教叢林之一。[271]民國三年（1914），由於早前寫經出血太多，氣體受損，普超和尚圓寂，年僅四十五歲。

　　光緒十五年（1889），康有為來廬山游賞，曾夜宿海會寺，與至善和尚相契。民國七年（1918），康有為再次來到海會寺，見到普超和尚血書《華嚴經》，揮筆題詞：「尊之、敬之、護之、保之」。民國二十七年（1938），海會寺淪陷於日寇之手，住持會通法師只得只懷抱血經逃難于湘桂邊境。抗戰勝利後，會通法師奉血經返回海會寺，可惜已經大部分散佚，僅剩三十三冊。會通法師曾作《臨難出走》一詩記述了護經的顛沛流離之苦：

---

271 羅水生：《以血書經的普超和尚》，引自http://www.dcmzzj.gov.cn/ReadNews.asp?NewsID=601

「頭眩足辟眼矇花，霹靂彈聲震邇遐。靜默徘徊雲窟路，忙中檢點布袈裟。

手接藤蘿飛嶺外，肩擔貝葉走天涯。吩咐貓兒隨我去，莫將落入敵人家。」

後來，羅家倫、王陵基、吳宗慈等民國名人在寺中觀看了血經，紛紛題詞。羅家倫寫道：「刺血寫經、成此巨帙，非有極偉大的宗教熱忱，曷克臻此。」王陵基寫道：「刺血寫經，發願宏深，血乾葉盡，自歸西庭。」吳宗慈寫道：「刺血以寫經，此血永不滅。念此苦心人，癡絕亦慧絕。癡也何云癡，其理不可說。」

據《廬山指南》載：一九二九年，海會寺「門前有荷池，圍以石欄，欄上均鎸佛像。……佛堂前有觀音蓮兩本，葉似芋，花如玉簪。……有藏經閣，內藏血書華嚴經八十一卷。……又有趙雪松（即趙孟頫）金繪佛像一冊，每頁書有釋典。殿后新建樓三層，二層為藏經閣之用，三層備客居住，四面皆窗，舉頭見五老峰高倚蒼穹，若迎若拱。南望鄱陽，帆影如鶩。房屋雅潔，僧亦不俗，消夏最佳。」[272]一九三三年，蔣介石在廬山創辦軍官訓練團，團部就設在山下的海會寺。蔣介石在這裡培訓了大批青年軍政幹部，海會寺由此成為一個令全國矚目的地方，它的宗教形

---

272 （民國）戴昌藻：《廬山指南》中編，《古跡名勝・海會寺》，上海：文明書局，1929，第13-14頁。

象反而被淡化了。附近一個叫茶庵（又名土樓鎮）的地方也因此改名為海會鎮。海會寺之所以成為軍官訓練團所在地，是由於這一帶風景清幽、泉石宜人，同時又有陡峭的山地和怪石險峰，地形複雜，可供模擬山地軍事攻防；山下又有平地漫坡，便於建成容納數千人的訓練場地。另外，海會寺附近有華嚴寺、龍雲寺、白鹿洞書院等靜僻幽雅的書院、寺廟則可以作為訓練團的教官、德國顧問和工作人員的宿舍。而且海會寺距星子縣城僅十多華里，交通十分便利。數年之後，海會寺一帶建起大禮堂、大會場、委員長官邸、辦公廳、教室、倉庫、運動場、游泳池、學員宿舍等大批建築。蔣介石多次親臨海會寺給學員訓話，陳立夫、朱家驊、張治中等中央要員也頻頻出入海會寺，一時間，高官雲集，十分熱鬧。據統計，從一九三三年至一九三七年，廬山軍官訓練團共訓練軍官二五〇四一名。

一九三八年夏，日軍進攻廬山，海會寺及廬山軍官訓練團的建築被日軍炮火毀壞。抗戰勝利後，海會寺得到修復，但已今非昔比，盛況不再了。

（十八）秀峰

秀峰位於廬山之南，是香爐峰、雙劍峰、文殊峰、鶴鳴峰、獅子峰、龜背峰、姊妹峰等諸峰的總稱。秀峰景致秀麗，文化古跡眾多，有「廬山之美在山南，山南之美數秀峰」之說。秀峰景區內最富盛名的景觀當屬開先瀑布。開先瀑布懸於鶴鳴峰、龜背峰之間，遠望如自雲間跌落，氣勢非凡。「日照香爐生紫煙，遙看瀑布掛前川。飛流直下三千尺，疑是銀河落九天。」因了唐代

大詩人李白這首飄逸灑脫，極富浪漫主義色彩的著名詩作，開先瀑布的自然美與文化美的實現高度統一，帶給無數人以傲游寰宇的想像空間。開先瀑布由此成為廬山瀑布的形象代表，而廬山瀑布則進一步成為中國瀑布景觀的形象代表。「廬山南北瀑布以十數，獨開先寺最盛。」[273]明人章潢的這一評價應該說代表了大多數人的看法。

與開先瀑布相隔不遠，又有一瀑懸於雙劍、文殊二峰之間，「水勢奔注而崖口隘束，噴散數十百縷如馬尾」[274]，故名馬尾水。開先瀑布與馬尾瀑布互為呼應，相得益彰。兩股瀑水順山勢滑入青玉峽龍潭之中，卷起千堆雪浪，化作一潭碧水。青玉峽因「石碧而削，水練而飛，潭紺而淵，為開先佳境」[275]而得名。青玉峽「峻宇天辟，兩岸嵐翠欲滴」[276]，石壁之上有「龍」、「神龍躍空」等眾多摩崖石刻。其中以宋代書法四大家之一米芾所書的「第一山」和「青玉峽」六字最為珍貴，僅一「山」字，就可躺一人。東西兩側，有依山臨潭而建的「漱玉」、「觀瀑」二亭。其中，漱玉亭為宋僧若遇所建，「瀑布泉落龍湫，流經於此，縈亭而出，有如漱玉」，[277]故名，蘇軾曾譽其為「廬山二絕」之

273 （明）章潢：《圖書編》卷六十五《開先瀑布》，四庫全書本。

274 雍正《江西通志》卷十二《山川六·南康府》四庫全書本。

275 同上。

276 （元）李洞：《遊廬山記》，載雍正《江西通志》卷一百二十八《藝文·記七·元》，四庫全書本。

277 乾隆《大清一統志》卷二百四十三《南康府》，四庫全書本。

一。距秀峰不遠之處，有廬山溫泉、玉簾泉、秀峰寺等名勝。

（十九）康王谷

康王谷位於廬山面陽山之南，對於其名字的來由，吳宗慈在《廬山志》中作過一番考證。他說：「康王谷亦名康王觀。今名廬山壋，詢該地老民，間有知者，曰古名康觀也。九江府、德化縣、南康府、星子縣四志均附會周康王、楚康王之事，殊絕無據。故陳令舉、桑子木皆引史傳以證其謬。桑又引康王、康陽土語謂為音誤，是矣！周康王事渺茫不足辨，考元李洬《遊廬山記》，康王觀作匡王觀，宋周必大《廬山後錄》則為康王觀，足以考見其地古名匡王觀。宋人避諱，如康廬例，乃易匡為康，後乃有以康廬為姓，康之廬者與康王觀同一誤也。流俗好新而傳異，文士又循名而襲謬焉。王、陽二字確為音轉，故康王者匡陽二字之音訛。匡陽者，匡山之陽也。」[278]這段文字非常清楚地說明了康王谷名字的真實來由。

康王谷是廬山著名的大山谷之一，有田可耕種。《廬山紀事》載：「廬山諸谷有田可耕者惟棲賢、康王二谷耳。」[279]吳宗慈《廬山志》亦載：「今廬山壋中居民除耕田外，有河南籍民於此燒炭，僧道則灌園種圃以自活，皆運售於牯牛嶺。牯牛嶺開闢後置

---

278 （民國）吳宗慈：《廬山志》（上冊），第 389 頁。

279 （明）桑喬：《廬山紀事》卷十二《山北由烏龍潭行至隘口》，第 728 頁。

一種新生計也。」[280]廬山山南大寺歸宗寺的寺田就大部分置於康王谷中。

　　同時，康王谷又是廬山重要的遊覽勝地之一。這裡有谷簾泉、景德觀等名勝。谷簾泉是唐代茶聖陸羽評定的「天下第一泉」。《廬山記》載：「飛泉被巖而下者二三十派，其高不可計，其廣十餘丈。」[281]當年陸羽來廬山，品嘗谷簾泉水之後，感其「甘腴清泠，具備諸美」[282]，因而評其為「天下第一泉」。陸羽的高度評價使谷簾泉蜚聲海內，好之者接踵而來。北宋文學家王禹偁說：「（谷簾泉）水之來，計程一月矣，而其味不敗，取茶煮之，浮雲散雪之狀，與井泉絕殊。」[283]南宋喻良能則有詩贊曰：「此水名傳自昔賢，味甘誰敢鬥芳鮮。一甌雪乳初嘗罷，知是人間第一泉。」[284]谷簾泉水與福建建安茶甌為古代好茶者追崇，因此有「谷簾泉水建茶甌」之說。景德觀原名康王觀，為梁大同年間道士張施深學道之處。梁武帝對張施深頗為嘉許，因為之立觀。明代，景德觀已經廢棄。由谷簾泉北上，經過口前張家等村莊可至谷簾寺。谷簾寺是歸宗寺的支廟，民國時期為其田莊。

280　（民國）吳宗慈：《廬山志》（上冊），第389頁。
281　（宋）陳舜俞：《廬山記》卷三《敘山南篇第三》，四庫全書本。
282　四庫全書總目《〈煎茶水記〉提要》。
283　（明）陳耀文：《天中記》卷十《溪》，四庫全書本。
284　（宋）喻良能：《香山集》卷十三《題谷簾泉》，四庫全書本。

（二十）簡寂觀

　　廬山是道教文化名山，山之南北道觀眾多，其中尤以簡寂觀為著。簡寂觀原名太虛觀，位於廬山南部的金雞峰下，南朝宋孝武帝大明五年（461），由著名道士陸修靜創建，是其修道傳教、整理道經、編撰道教齋式儀範類道書之所。陸修靜（406-477），字元德，吳興人，是南朝著名道士。「嗜匡阜之盛概，爰構精廬。」[285]陸修靜在廬山廣收藏經，對兩晉以來新出的道書進行甄別整理和刊正，奠定了後世編纂《道藏》的基礎，其影響較大。「明帝時召至建業，立崇虛館以居之，而會儒釋之士，講道華嚴寺。修靜固求還山，不許。頃之，卒，封丹元真人。修靜行常攜一布囊，死之日其布囊乃懸於廬山舊隱之樹杪焉。」[286]後人對陸修靜的崇敬幾乎將其神化，歷代流傳不少與其相關的神話傳說。陸修靜死後，傳言「膚色如生，清香不絕。後三日，廬山諸徒咸見先生霓旌紛然來止」。又如，「唐太極元年二月七日，敕醮於觀，有黑龍群鶴之異，降詔褒異。」[287]凡此等等，不勝枚舉。司徒右長史太子僕建昌縣開國侯吳興沈旋曾為之撰記。至唐寶應年間，道士吳筠又作先生碑。其它歷代文人來簡寂觀題詠亦十分豐富，斑斑可考。

---

[285]（唐）李渤：《簡寂陸先生傳》，載吳宗慈：《廬山志》（上冊），第361頁。

[286]（清）毛德琦：《廬山志》卷四，《山川分紀三·簡寂觀》，第666頁。

[287]（宋）陳舜俞：《廬山記》卷二《敘山南篇第三》。

太虛觀是南朝廬山最大的道觀，陸修靜死後諡簡寂，「止煩曰簡，遠囂在寂」，[288]觀名遂從其諡號。當時簡寂觀規模較大，除正殿外，尚有禮鬥石、道藏閣、聽松亭、放生池、搗藥臼、六朝松等建築及名勝。禮鬥石是簡寂觀正殿前的醮石，高六七尺，方廣丈餘。道藏閣乃陸修靜奏請御賜道家經並符圖一千二百，符龍篋貯之，但後來被火焚毀。簡寂觀旁有東、西瀑布兩條，舊有白雲樓可坐觀此二瀑，其中西瀑落於廡前。但「東澗瀑廣而傷於短，西澗瀑高而病其微」[289]，不如秀峰瀑布之有名。唐貞元元年（785），韋應物任江州刺史，曾遊覽至此，有詩云：「淙流絕壁散，虛煙翠澗深。叢際松風起，飄來灑塵襟。窺蘿玩猿鳥，解組傲雲林。茶果邀真侶，觴酌洽同心。曠歲懷茲賞，行春始重尋。聊將橫吹笛，一寫山水音。」[290]宋代，蘇軾、朱熹等文化名人來此皆有題詠。蘇軾詩云：「我從廬山來，目送孤雲飛。路逢陸道士，知是千歲人。試問當時友，虎溪已埃塵。」[291]此詩句中仙氣十足，為簡寂觀增色不少。

　　明清時期，簡寂觀漸趨衰敗，香火寥落。據吳宗慈《廬山

---

288 （梁）沈璿：《簡寂觀碑》，載雍正《江西通志》卷一百二十《藝文·碑碣一》，四庫全書本。

289 雍正《江西通志》卷十二《山川六·南康府》，四庫全書本。

290 （唐）韋應物：《韋蘇州集》卷七《簡寂觀西澗瀑布下作》，四庫全書本。

291 （宋）蘇軾：《東坡全集》卷十三《陶驥子駿佚老堂二首》，四庫全書本。

志》記載：「簡寂觀以松勝，雖白鹿洞長松數里，計其時代，猶
當兒孫蓄之。近以羽流貧困，鬻松脂於賈人，竟萎數株，茲後恐
皆不保。若嚴戒剪伐，以存匡廬一勝跡，是所望於當路之君子
雲。」[292]至民國時期，吳宗慈來此查看則「今古松絕無一株存
者，即根基亦無可覓處。」[293]簡寂觀之衰落由此可見一斑。

（二十一）三疊泉

　　廬山美景素以流泉飛瀑見長，而瀑布中尤以三疊泉名氣為
大。「匡廬瀑布，首推三疊」。三疊泉又名三級泉、水簾泉，被
譽為「廬山第一奇觀」。三疊泉瀑布的水源由大月山流出，經過
五老峰背，由北崖懸口注入大磐石上，又飛瀉到二級大磐石，再
噴灑至三級磐石，形成三疊。這條瀑布勢如奔馬，聲若洪鐘，總
落差達一五五米。三疊各異其趣，「上級如飄雲拖練，中級如碎
石摧冰，下級如玉龍走潭，散珠噴雪，真天下絕景！」[294]歷史
上，三疊泉藏在深山，長期未被發現。曾隱居在它上源屏風疊的
李白和在它下游白鹿洞講學的朱熹都不知匡廬還有如此絕景。南
宋光宗紹熙二年（1191），三疊泉被一個樵夫發現，一時傳為美
談，文人雅士爭相探訪，留下眾多詩文。朱熹時已年老體邁，恨
不能一見，於是囑其弟子黃商伯找人將三疊泉畫了下來，送至杭

---

292 （民國）吳宗慈：《廬山志》（上冊），第 363 頁。

293 （民國）吳宗慈：《廬山志》（上冊），第 363 頁。

294 雍正《江西通志》卷十二《山川六》，四庫全書本。

州供其欣賞。朱子在信中說：「自聞此泉新出，恨未能一遊其下，以快心目，濺雷噴雪，發夢寐也。瀑圖韻譜近方得之，圖張屋壁，坐起對之，恨不能到其下也。」[295]當時著名文人劉過親自探訪了三疊泉，有詩贊曰：「五老峰北礠峨巔，龍泉三疊來自天。」[296]戴復古見到三疊泉則感慨道：「九疊屏風三疊水，更無詩句可形容。」[297]

清人吳名鳳曾言：「盧山奇秀甲天下。奇在石，尤奇在水，水石之奇兼之者惟三疊泉。」[298]瀑布之柔美與雄渾，三疊泉兼而有之。人未到先聞其聲，三疊泉奔騰咆哮，晝夜不息。從懸崖下仰望，只見「白鷺千片，上下爭飛」，又如「百幅冰綃，抖騰長空」，「萬斛明珠，九天飛灑」。元代文人李洞游賞三疊泉後，曾評價到：「蓋谷簾泉瀑布、三峽橋、青玉峽山為南北之冠，而雲屏三疊泉又青玉峽瀑布谷簾之冠也。」[299]明代文人李夢陽也曾說：「水簾掛五老峰背，懸崖而直下，三級而後至地，勢如游龍

295 （宋）朱熹：《朱晦翁與黃商伯書》，載（明）桑喬：《盧山紀事》卷之八《山南自五老峰東北行至吳章山》，第 474 頁。

296 （宋）劉過：《觀三疊泉》，載雍正《江西通志》卷一百五十《詩四》，四庫全書本。

297 （宋）戴復古：《尋真觀至三疊泉詩》，載雍正《江西通志》卷一百五十四《藝文‧詩八》，四庫全書本。

298 （清）吳名鳳：《遊三疊泉記》，載吳宗慈：《盧山詩文金石廣存》，胡迎建、宗九奇校補，南昌：江西人民出版社，1996，第105頁。

299 （元）李洞：《遊盧山記》，載雍正《江西通志》卷一百二十八《藝文‧記七》，四庫全書本。

飛虹架空，擊霆雪、翻谷鳴，此廬山第一觀也。」[300]對三疊泉最為傳神的描寫是明嘉靖年間進士王世懋所作的《遊五老三疊開先瀑布記》，文中寫道：「澗逐山止，而三疊泉從山南最高處冉冉旋空而降。初級如雲如絮，噴薄吞吐，流注大磐石上，水石衝激，乃始瀠洄作態，珠迸玉碎。復注二級石上，匯為巨流，懸崖直下龍潭；飄者如雪，斷者如霧，綴者如旒，掛者如簾，散入山足，森然四垂，湧若沸湯，奔若跳鷺，其聲則蘊隆之候，風掀電馳，霆震四擊，轟轟不絕，又如昆陽、巨鹿之戰，萬人鳴鼓，瓦缶相應。真天下第一偉觀也！」

（二十二）栗里

栗里位於廬山虎爪崖之南，溫泉之北，是東晉代大詩人陶淵明辭官後的歸隱之處。這是一個山環水繞，景色秀麗的山村，居民多姓陶。村前小溪有一石橋，據說就是陶淵明荷鋤往來田間的「清風橋」。栗里附近有濯纓池，池間巨石上鐫有「醉仙濯纓之池」。相傳陶淵明常於傍晚在池中滌鋤洗帽。距濯纓池不遠的溪澗中橫臥一塊巨石，相傳陶淵明酒醉後常常高臥於此石上，故名醉石，又稱砥柱石。醉石高約丈許，石面平滑如桌，上刻有「歸去來館」四個大字。這裡有小瀑布，其水南流，謂之醉石澗。由醉石稍下，有「醉石館」遺址。從此西去不遠，便是陶淵明晚年

---

300 （明）李夢陽：《廬山記》，載雍正《江西通志》卷一百三十一《藝文·記十》，四庫全書本。

棲居之所——面陽山，他在此寫下了著名的《桃花源記》。至今，這裡還保存有陶淵明祠和陶淵明墓。陶淵明祠門首懸匾「陶靖節祠」，東耳門原有「菊圃」，西耳門有「柳巷」，寓意陶淵明隱居田園的恬淡生活。陶墓與陶祠相距百餘米，墓周蒼松環繞，層林疊翠，墓碑首橫鐫刻「清風高節」四個大字。明末清初著名思想家王夫之在《讀通鑑論》中說：「宋之篡晉，義熙以後以甲子紀，而不奉宋之元朔，千古推陶公之高節。」[301]可見，陶淵明的高風亮節，不僅是能夠「不戚戚於貧賤，不汲汲於富貴」而選擇精神獨立、放蕩不羈的隱居生活，更重要的是在東晉滅亡後，堅持不仕，矢志做東晉遺民的錚錚風骨。

（二十三）蓮花洞

蓮花洞位於盧山北麓，地處九江市南郊，交通便捷。桑喬《盧山紀事》載：「蓮花洞者，三峰之墟，四山壁立，中豁而深。⋯⋯藤蘿交蔭，晝日常黯黯，水泉冬夏不竭。」蓮花洞峰巒疊翠，寺院道觀竹樹掩映，飛瀑流泉、怪石奇松隨處可見。三峰北麓，曾有明末進士德化人黃雲師築轂口草堂隱居於此。沿三峰之水西北行，有芋栗園，是明萬曆年間進士萬嗣達講學之處。蓮花洞東側有劉越洞，相傳是匡俗先生之師劉越隱居之所。當地人在此建有劉越觀。

一八七〇年，法國傳教士在盧山蓮花洞建起第一幢避暑別

墅，同時還修建了一座教堂，可謂開廬山避暑地之先聲。蓮花洞
又是近代各國人士上廬山牯嶺避暑地的主要通道。一九一〇年建
成通車的九蓮公路（九江至蓮花洞）專為便利遊客往來廬山而
建，是江西省最早建成的公路。九蓮公路盡頭連著通往牯嶺街的
山道——蓮牯路。一八九五年，李德立在廬山開始闢建避暑地，
蓮牯路隨之被開闢為上山的主要山道。它從山下蓮花洞，經竹林
巢、好漢坡、月弓塹而通往牯嶺街，全長九公里，道寬丈餘。蓮
牯路中段有一段叫「好漢坡」的山道，十分有名。這是一長溜陡
峭的石階，直上雲天，長達一一〇〇多級，十分難以攀登，故稱
好漢坡。《廬山續志》載：廬山的氣候，以好漢坡為分界線，「好
漢坡以上，冬日雪深迷途，夏日涼氣森森；好漢坡以下，冬日雪
降即融，夏日汗流浹背……」。過了好漢坡，經月弓塹、半山
亭，就可望見繁華的牯嶺街市了。由於特殊的地理位置，近代蓮
花洞因廬山旅遊業的發展而繁榮起來。「一九三五年夏，新建鐵
皮瓦的憲警派出所、汽車站及其他設施，標語廣告五光十
色。」[302]

（二十四）鐵佛寺

鐵佛寺位於廬山西北麓蓮花洞南的蓮花峰山坳中，寺宇三面
環山，周邊茂林修竹，環境清幽。唐貞觀年間（627-649），僧人
昆仲禪師來此創寺，距今已有一三〇〇餘年歷史。宋太平興國年

---

302 姚雪雪：《夏都繪影》，南昌：江西人民出版社，2004，第 19 頁。

間（976-979），比丘尼願蓮在此廣收女眾，壯大道場，並將寺廟起名為「鐵骨寺」，以激勵僧尼鐵骨心腸刻意修行而不動搖。因「骨」與「姑」諧音，又含「鐵心修行尼姑」之意，所以寺名又稱「鐵姑庵」。太平興國四年（979），願蓮在白龍橋上，望清泉與蓮花峰而開悟，寫下「雲生功成就，願蓮傳真禪」[303]的偈語，隱示了僧尼修行應不拘外相，禪在內心的功法，並題曰：「鳳翁龍降白龍泉，鹿鶴龜伏十八彎。豫章遠覽匡廬面，吊橋目前得峰仙。沙灘溪潭明指點，低頭空過一洞天。」[304]這首偈語生動描繪了蓮花峰下的竹泉奇景，鳳鸞鶴鹿，虎降龜伏的一派佛門勝景。

　　明代高僧釋憨山德清大師在隆慶末年曾到過鐵骨庵，並寫下《過鐵佛庵贈鄒爾瞻給諫》詩一首，詩中寫到：「江上青山水斷春，門前流水淨無塵。開門忽見庵中主，恰是金剛不壞身。」萬曆年間（1573-1691）庵中僧尼鑄下高達六尺的一尊鐵佛。由此以後，鐵骨庵改「鐵佛寺」。此後，近三百年的時間裡，鐵佛寺屢廢屢興。民國初年，曾有三十二姓居士共同捐資重修鐵佛寺，修復後的鐵佛寺有十三重大殿，佛像六百餘尊，其中一尊鐵佛高約二米，遠近聞名，廟內香火旺盛。二十世紀三〇年代，鐵佛寺景象漸趨蕭條，「有僧人四五人，有田地及竹杉，甚茂，寺僧生計所存云」。但是，「鐵佛寺旁有白洋人屋，其地風景甚佳，有

---

303 廬山區政協文史委員會：《廬山區文史資料特輯・廬山鐵佛寺景區詩詞聯集賞》，九江：內刊，2002，第10頁。

304 廬山區政協文史委員會：《廬山區文史資料特輯・廬山鐵佛寺景區詩詞聯集賞》，第25頁。

山林之樂，而無攀陟之勞也」[305]。抗戰期間，鐵佛寺遭到日軍嚴重破壞，此後廟宇廢圯，漸無香火。至一九八八 年，在釋妙樂主持下，鐵佛寺逐漸得到恢復並重新繁盛起來。

附錄：重要文獻

中共中央為公佈國共合作宣言
（一九三七年七月十五日）

親愛的同胞們：

中國共產黨中央委員會謹以極大的熱忱向我全國父老兄弟諸姑姊妹宣言，當此國難極端嚴重民族生命存亡絕續之時，我們為著挽救祖國的危亡，在和平統一團結禦侮的基礎上，已經與中國國民黨獲得了諒解，而共赴國難了。這對於我們偉大的中華民族前途有著怎樣重大的意義啊！因為大家都知道，在民族生命危急萬狀的現在，只有我們民族內部的團結，才能戰勝日本帝國主義的侵略。現在民族團結的基礎已經定下了，我們民族獨立自由解放的前提也已創設了，中共中央特為我們民族的光明燦爛的前途慶賀。

不過我們知道，要把這個民族的光輝前途變為現實的獨立自由幸福的新中國，仍需要全國同胞，每一個熱血的黃帝子孫，堅韌不拔地努力奮鬥。中國共產黨願當此時機，向全

305 （民國）吳宗慈：《廬山志》（上冊），第92頁。

國同胞提出我們奮鬥之總的目標，這就是：

（一）爭取中華民族之獨立自由與解放。首先須切實地迅速地準備與發動民族革命抗戰，以收復失地和恢復領土主權之完整。

（二）實現民權政治，召開國民大會，以制定憲法與規定救國方針。

（三）實現中國人民之幸福與愉快的生活。首先須切實救濟災荒，安定民生，發展國防經濟，解除人民痛苦與改善人民生活。

凡此諸項，均為中國的急需，以此懸為奮鬥之鵠的，我們相信必能獲得全國同胞之熱烈的贊助。中共願在這個總綱領的目標下，與全國同胞手攜手地一致努力。

中共深切知道，在實現這個崇高目標的前進路上，須要克服許多的障礙和困難，首先將遇到日本帝國主義的阻礙和破壞。為著取消敵人的陰謀之藉口，為著解除一切善意的懷疑者之誤會，中國共產黨中央委員會有披瀝自己對於民族解放事業的赤忱之必要。因此，中共中央再鄭重向全國宣言：

一、孫中山先生的三民主義為中國今日之必需，本黨願為其徹底的實現而奮鬥。

二、取消一切推翻國民黨政權的暴動政策及赤化運動，停止以暴力沒收地主土地的政策。

三、取消現在的蘇維埃政府，實現民權政治，以期全國政權之統一。

四、取消紅軍名義及番號，改編為國民革命軍，受國民

政府軍事委員會之統轄，並待命出動，擔任抗日前線之職責。

親愛的同胞們！本黨這種光明磊落大公無私與委曲求全的態度，早已向全國同胞在言論行動上明白表示出來，並且已獲得同胞們的贊許。現在為求得與國民黨的精誠團結，鞏固全國的和平統一，實行抗日的民族革命戰爭，我們準備把這些諾言中在形式上尚未實行的部分，如蘇區取消、紅軍改編等，立即實行，以便用統一團結的全國力量，抵抗外敵的侵略。

寇深矣！禍亟矣！同胞們，起來，一致地團結啊！我們偉大的悠久的中華民族是不可屈服的。起來，為鞏固民族的團結而奮鬥！為推翻日本帝國主義的壓迫而奮鬥！勝利是屬於中華民族的！

抗日戰爭勝利萬歲！

獨立自由幸福的新中國萬歲！

中國共產黨中央委員會

（這是周恩來為中共中央起草的宣言。此宣言起草於一九三七年七月四日，七月十五日由中共中央交付國民黨，至九月二十二日國民黨中央社才發表。原載《周恩來選集》上卷。）

蔣介石廬山談話──《最後關頭》

各位先生：

中國正在外求和平、內求統一的時候，突然發生了蘆溝橋事變，不但我舉國民眾悲憤不置，世界輿論也都異常震

驚。此事發展結果，不僅是中國存亡的問題，而將是世界人類禍福之所系。諸位關心國難，對此事件，當然是特別關切。茲將關於此事之幾點要義，為諸君坦白說明之：

第一，中國民族本是酷愛和平，國民政府的外交政策，向來主張對內求自存，對外求共存。本年二月三中全會宣言，於此更有明確的宣示。近兩年來的對日外交，一秉此旨，向前努力，希望把過去各種軌外的亂態，統統納入外交的正軌，去謀正當解決。這種苦心與事實，國內大都可共見。我常覺得，我們要應付國難，首先要認識自己國家的地位。我們是弱國，對自己國家力量要有忠實估計。國家為進行建設，絕對的需要和平。過去數年中，不惜委屈忍痛，對外保持和平，即是此理。前年五全大會，本人外交報告謂「和平未到根本絕望時期，決不放棄和平，犧牲未到最後關頭，決不輕言犧牲」。跟著今年二月三中全會對於「最後關頭」的解釋，充分表現我們對於和平的愛護。我們既是一個弱國，如果臨到最後關頭，便只有拚全民族的生命，以求國家生存，那時節再不容許我們中途妥協。須知中途妥協的條件，便是整個投降，整個滅亡的條件。全國國民最要認清，所謂「最後關頭」的意義。最後關頭一到，我們只有犧牲到底，抗戰到底，唯有「犧牲到底」的決心，才能博得最後的勝利。若是彷徨不定，妄想苟安，便會陷民族於萬劫不復之地。

第二，這次蘆溝橋事件發生以後，或有人以為是偶然突發的。但一月來對方輿論或外交上直接間接的表示，都使我

們覺到事變發生的徵兆，而且在事變發生的前後，還傳播著
種種的新聞，說是什麼要擴大塘沽協定的範圍，要擴大冀東
偽組織，要驅逐第二十九軍，要逼迫宋哲元離開，諸如此類
的傳聞，不勝枚舉。可想見這一次事件並不是偶然的。從這
次事變的經過，知道人家處心積慮的謀我之亟，和平已非輕
易可以求得。眼前如果要求平安無事，只有讓人家軍隊無限
制的出入於我們的國土，而我們本國軍隊反要受限制，不能
在本國土地內自由駐在，或是人家向中國軍隊開槍，而我們
不能還槍。換言之，就是人為刀俎，我為魚肉。我們已快瀕
臨到這極人世悲慘的境地，這在世界上稍有人格的民族，都
無法忍受的。我們的東四省失陷，已有了六年之久，繼之以
塘沽協定，現在衝突地點已到了北平門口的蘆溝橋。如果蘆
溝橋可以受人壓迫強佔，那末我們五百年故都北方政治文化
中心與軍事重鎮的北平，就是變成瀋陽第二。今日的北平若
果變成昔日的瀋陽，今日的冀察亦將成為昔日的東四省。北
平若可變成瀋陽，南京又何嘗不可變成北平？所以蘆溝橋事
變的推演，是關係中國國家整個的問題。此事能否結束，就
是最後關頭的境界。

　　第三，萬一真到了無可避免的最後關頭，我們當然只有
犧牲，只有抗戰，但我們的態度只是應戰，而不是求戰。戰
是應付最後關頭必不得已的辦法，我們全國之民必能信任政
府已在整個的準備中，因為我們是弱國，又因為擁護和平是
我們的國策，所以不可求戰。我們固然是一個弱國，但不能
不保持我們民族的生命，不能不負起祖宗先民所遺留給我們

歷史上的責任，所以到了必不得已時，我們不能不應戰。至於戰爭既開之後，則因為我們是弱國，再投有妥協的機會，如果放棄尺寸土地與主權，便是中華民族的千古罪人，那時候便只有拚民族的生命，求我們最後的勝利。

第四，蘆溝橋事件能否不擴大為中日戰爭，全是日本政府的態度，和平希望絕續之關鍵，全是日本軍隊之行動，在和平根本絕望之前一秒鐘，我們還是希望和平的，希望由和平的外交方法，求得蘆事的解決。但是我們的立場有極明顯的四點：（一）任何解決不得侵害中國主權與領土完整。（二）冀察行政組織不容任何不合法之改變。（三）中央政府所派地方官吏，如冀察政務委員會委員長宋哲元等，不能任人要求撤換。（四）第二十九軍現行所駐地域，不能受任何約束。這四點立場，是弱國外交最低限度。如果對方猶能設身處地，為東方民族作一個遠大的打算，不想促成兩國關係達於最後關頭，不願造成中日兩國世代永遠的仇恨，對於我們這最低限度之立場，應該不致於漠視。

總之，政府對於蘆溝橋事件，已確定始終一貫的方針和立場，且必以全力固守這個立場。我們希望和平而不求苟安，準備應戰而決不求戰。我們知道全國抗戰以後之局勢，就只有犧牲到底，無絲毫僥倖求免之理。如果戰端一開，那就是地無分南北，年無分老幼，無論何人，皆有守土抗戰之責任，皆應抱定犧牲一切之決心。所以，政府必特別謹慎，以臨此大事，全國國民亦必須嚴肅沉著，準備自衛。在此安危絕續之交，唯賴舉國一致，服從紀律，嚴守秩序。希望各

位回到各地，將此意傳達於社會，俾咸能明瞭局勢，效忠國家。這是兄弟所懇切期望的。

朱熹：《白鹿洞書院揭示》

父子有親，君臣有義，夫婦有別，長幼有序，朋友有信。

右五教之目。

堯舜使契為司徒，敬敷五教，即此是也。學者學此而已。而其所以學之序，亦有五焉，具列如左：

博學之，審問之，謹思之，明辨之，篤行之。

右為學之序。學問思辨四者，所以窮理也。若夫篤行之事，則自修身以至於處事、接物，亦各有要，具列如左：

言忠信，行篤敬，懲忿窒欲，遷善改過。

右修身之要。

正其誼，不謀其利；明其道，不計其功。

右處事之要。

己所不欲，勿施於人；行有不得，反求諸己。

右接物之要。

熹竊觀古昔聖賢所以教人為學之意，莫非使之講明義理，以修其身，然後推己及人。非徒欲其務記覽，為辭章，以釣聲名，取利祿而已也。今之為學者，則既反是矣。然聖賢所以教人之法，具存於經，有志之士固當熟讀而問辨之，苟知理之當然，而責其身以必然，則夫規矩禁防之具，豈待

他人設之，而後有所持循哉！近世於學有規，其待學者為已淺矣。而其為法又未必古人之意也。故今不復施於此堂，而特取凡聖賢所以教人為學之大端，條列於左，而揭之楣間。諸君相與講明遵守，而責之於身焉，則夫思慮云為之際，其所以戒謹恐懼，必有嚴於彼者矣。其有不然，而或出於禁防之外，則彼所謂規者，必將取之，固不得而略也。諸君其亦念之哉。

（轉引自：（宋）朱熹：《晦庵文集》卷七十四《雜著》，《文淵閣四庫全書》本。）

第二節 ▶ 紅綠輝映的革命搖籃——井岡山

一、地理環境

　　井岡山位於江西省西南部，湘贛兩省交接的羅霄山脈中段，東連江西泰和、遂川兩縣，南鄰湖南炎陵縣，西靠湖南茶陵縣，北接江西永新縣，是江西省西南的門戶。井岡山山勢高大險峻，山峰多在千米以上，境內有名的山峰達三十八座，最高峰江西坳海拔一八四一米。井岡山自西元前二二一年秦代設郡縣制起，即為九江郡廬陵屬地。在唐代屬江南西道吉州泰和縣地，明洪武年間至清代永新縣轄拿山一帶，龍泉縣（今遂川縣）轄黃坳一帶。民國二十四年（1935），拿山、廈坪、羅浮、茨坪屬永新縣，大小五井、下莊、黃坳、下七、長坪屬遂川縣。解放以後成立井岡山管理局，一九八四年成立井岡山市。二〇〇〇年五月經國務院批准將原井岡山市與原寧岡縣合併組建新的井岡山市至今。

　　井岡山群山逶迤，山勢險峻。大約在兩億年前，井岡山還是一片大海，在一億五千萬年前左右，此地開始上升隆起，出現「海島」。在距今七千萬年前的燕山造山運動時期，伴隨著強烈的褶皺作用，基本形成了今天的山體走勢。千萬年流水的長期雕刻侵蝕，使得山體巉岩裸露，斷崖橫亙，奇峰異石，飛瀑流泉。境內的山嶺主要由花崗岩、石英岩，板岩、砂岩等岩石組成，而山間的小塊盆地土壤則由第四紀紅、粘、黃壤和衝擊物構成，全山地質構造較為複雜。

　　全山屬亞熱帶濕潤季風氣候，四季分明，雨水充沛，年平均氣溫為十四點三度，七月份平均氣溫為二十四點一度，年平均降水量為一八五六點五毫米，無霜期平均為二四六天。由於山區海拔多在五〇〇米以上，所以這裡霧日較多，冬春季節經常雲霧繚繞，特別是黃洋界那一帶，雲霧時猶如汪洋大海。

　　井岡山有「綠色寶庫」之稱。全山植被豐富，鬱鬱蔥蔥，森林覆蓋率達百分之六十四，全境保留有七千公頃的原始森林，植物種類達三八〇〇多種，占江西省植物總數的百分之七十，其中珍稀物種近二〇〇餘種。井岡山也是各種動物的樂園，在茫茫林海之中，棲息有八〇〇多種動物。其中，國家一級保護動物有華南虎、雲豹、豹、黑葉猴、白頸長尾雉、黃腹角雉，還有水鹿，大鯢、短尾猴等二十二種動物被列為國家二級保護動物。

　　井岡山物產十分豐富，這裡盛產各種「山珍」，其中較為出名的紅米、竹筍、茶葉、香菇、玉蘭片、石雞、石耳、石魚以及石鬆、荷蕨、水龍骨、何首烏等近千種中草藥。井岡山曾大面積種植紅米，紅米耐瘠、耐寒，適於山區、冷水田和澎湖田種植。

近代研究表明，紅米含有較多的蛋白質和氨基酸，還富含鐵、鋅、銅、錳、硒、鈣、鉬、磷等微量元素以及各種人體所需的維生素。而且紅米所含的黃酮類化合物比黑米還高，具有較高的食療價值。據文獻記載，井岡山及周邊地區最遲在明代就廣為種植紅米。乾隆《永寧縣誌》中就錄有萬曆年間縣誌所載的「穀有占糯二種，占如早稻、晚稻。早稻：大暑早、五月早、須占、紅米占之類，其名甚夥」[306]。《龍泉縣誌》中也這樣記載：「中稻，中秋後登場，有紅白二種。晚稻，山陰水冷處最宜此種，即平疇沃壤種可倍收，故種蒔甚廣，白露後登場，米色紅多白少。」[307]在井岡山鬥爭時期，紅軍戰士和當地百姓多食紅米飯，著名的「紅米飯，南瓜湯，秋茄子，味好香，餐餐吃得精打光」的紅色歌謠就是那時候紅軍生活的最好寫照。井岡山的石蛙和石耳同樣是不可多得的珍品。石蛙即棘胸蛙，因大多生活在海拔六百米以上的山澗溪水的石隙中而得名。井岡山石蛙個大體肥，一般每只二、三兩重，大的可達半斤以上，且石蛙肉質鮮嫩，不論炒、燉，都香溢齒頰，營養豐富，是高級養身補品。石耳是一種黑色孢菌類植物，生長在崇山峻嶺的懸崖陡壁上，大者盈尺，小者如掌，外表呈鐵黑色，薄如紙，它不僅是珍稀的佳餚，而且是貴重的藥材，具有滋陰補腎、清涼解毒、降低血壓的功效。

---

306 乾隆《永寧縣誌》卷四《地理志・物產》，臺北：成文出版社有限公司，1989，第 360 頁。

307 同治《龍泉縣誌》卷二《地理志下》，臺北：成文出版社有限公司，1989，第 208 頁。

二、歷史文化

（一）山名溯源

　　關於井岡山山名的由來，正式歷史文獻上沒有記載。現有兩
種說法，一是因「繡岡綿亙，水系交錯如井狀」而得名；一是來
源於井岡山主峰五指峰腳下一個叫「井岡山村」的村莊。根據地
方族譜記載，清朝初年，廣東省興寧縣藍、黃兩姓農戶，為避戰
亂遷徙到五指峰山下一塊小平地建村立寨，因為這裡四周群山環
繞，地形酷似一口井，村旁有一條山溪流過，客籍人稱溪為
「江」，故稱此溪為「井江」，旁邊的山便叫「井江山」，村子就
叫「井江山村」。又因客籍人口音「江」與「岡」諧音，久而久
之，大家就稱「井岡山村」了。在一九二八年以前的地方誌和正
式文獻中根本找不到「井岡山」三個字。一九二八年十一月二十
五日，毛澤東在給中央寫的報告《井岡山的鬥爭》中，「井岡山」
一名出現了十多次，而在這之前的《中國的紅色政權為什麼能夠
存在？》寫的地點就是現在的井岡山，可是文章中用的卻是「永
新、酃縣、寧岡、遂川四縣交界的大小五井山區」[308]等詞。因
此，《井岡山的鬥爭》一文是目前所知的真正首次出現「井岡山」
一詞的文獻。此後這一稱呼廣為為後人所接受。在民國二十六年
（1937）《寧岡縣誌》中就有井岡山名稱的正式記載：「黃楊界外

---

[308] 毛澤東：《中國的紅色政權為什麼能夠存在？》，《毛澤東選集》第一
　　　卷，北京：人民出版社，1991，第47-56頁。

為井岡山，林深菁密，萑苻所聚，稍一有疏，則不下大隴，必右達栢路。」[309]其實，在井岡山鬥爭時期，毛澤東創立的井岡山革命根據地「介在寧岡、酃縣、遂川、永新四縣之交。北麓是寧岡的茅坪，南麓是遂川的黃坳，兩地相距九十里。東麓是永新的拿山，西麓是酃縣的水口，兩地相距百八十里」[310]，總面積四〇〇〇餘平方公里，周長五五〇華里，這也就是「巍巍五百里井岡」的由來。

（二）紅色鬥爭史[311]

井岡山是中國革命的搖籃，是享譽全國的紅色故土。一九二七年秋，毛澤東朱德等老一輩無產階級革命家率領工農革命軍來到這裡，浴血奮戰，創建了中國第一個農村革命根據地，開闢了「以農村包圍城市，武裝奪取政權」的革命道路，在中國革命的歷史上寫下了光輝的篇章。井岡山鬥爭從一九二七年十月到一九三〇年二月，歷時兩年零四個月，學者們將其分為以下三個階段：

第一階段：井岡山革命根據地的創立。（1927 年 10 月至

309 民國《寧岡縣誌》之《後志》卷二《圖說》，臺北：成文出版社有限公司，1989，第 714 頁

310 毛澤東：《井岡山的鬥爭》，《毛澤東選集》第一卷，北京：人民出版社，1991，第 68 頁。

311 這部分參考了江西省井岡山市地方誌編纂委員會的《井岡山志》和毛秉華的《天下第一山》研究成果以及井岡山革命博物館陳列資料。

l928 年 2 月）

　　一九二七年四月至七月，以蔣介石、汪精衛為首的國民黨反動派背信棄義，相繼發動了反革命政變。第一次國共合作破裂，大革命失敗，中共中央認識到武裝鬥爭的重要性。

　　一九二七年八月一日，在周恩來、賀龍、葉挺、朱德、劉伯承等同志的領導下，舉行了南昌起義，打響了武裝反抗國民黨反動派的第一槍。

　　為了確定全黨在新形勢下的鬥爭任務，根據共產國際的指示，中共中央於八月七日在漢口召開了著名的「八七」會議。會議結束了陳獨秀的右傾投降主義，確定了土地革命和武裝反抗國民黨反動派的總方針。毛澤東在這次會議上當選為臨時中央政治局候補委員，也就是在這次會議上，毛澤東提出了「政權是由槍桿子中取得的」著名論斷。會後，臨時中央政治局派毛澤東和彭公達改組湖南省委，領導秋收起義。

　　九月初在安源召開軍事會議，成立了中國工農革命軍第一師，師長余灑度，副師長余賁民，下轄四個團，計五〇〇〇餘人，盧德銘任總指揮。九月八日，中共湖南省委發佈了《關於奪取長沙的命令》，要各地會師長沙，奪取省城。九月九日，湘贛邊界秋收起義正式發動。我軍首先破壞武長和株萍鐵路，切斷敵人的交通運輸。十日，分頭向萍鄉、醴陵、平江、瀏陽等地進攻。第二團從安源出發，兩次攻萍鄉未成，後攻克醴陵，成立了革命委員會。由於敵強我弱，第二團在瀏陽被圍，損失了三分之二以上的兵力。一、四兩團向平瀏進發，在攻打長壽街時，四團團長邱國軒率部叛變，勾結敵人從背後襲擊一團，一團死亡百餘

人，並有兩個營被打散。第三團在向瀏陽前進時，右路失利。鑒於起義先勝後敗，遭受嚴重挫折，十四日，毛澤東在上坪召開了三團連以上幹部會議，決定通知各路部隊到瀏陽文家市集合。十九日晚，毛澤東在文家市主持召開了前委會議，否定了「取瀏陽直攻長沙」的錯誤意見，決定部隊向萍鄉退卻，再向湘南轉移。二十一日，部隊到達萍鄉境內的上栗市，原打算經萍鄉去安源，但到上栗市後，聽說萍鄉有重兵把守，部隊又繞道到蘆溪。第二天淩晨，工農革命軍在蘆溪遭到贛敵朱培德部的突然襲擊，雖經激戰突出重圍，但總指揮盧德銘卻在戰鬥中英勇犧牲了。蘆溪戰鬥後，部隊繼續南下，二十四日到達蓮花縣的甘家村。二十五日，部隊冒雨攻克了蓮花縣城，砸開了監獄，營救出被捕的七十多位革命群眾。翌日，毛澤東在縣城召開了原蓮花縣黨組織負責人會議，研究蓮花縣黨的工作。

九月正值秋老虎季節，天氣炎熱，部隊減員，傷病員眾多，急需找個地方休整，於是，九月二十九日，工農革命軍到達永新縣的三灣村。針對部隊彌漫著一股消沉情緒，有的不辭而別，有的背叛革命，軍官打罵士兵的現象時有發生，軍紀鬆弛，加上黨對軍隊的絕對領導沒有確定，於是毛澤東提出了改編的主張。在三灣呆了三天，著力解決了三個問題：一是進行組織整頓，進行縮編，願留的則留，不願留的根據路途遠近，發給三至五元錢的返家路費，將部隊縮編為一個團，稱為工農革命軍第一軍第一師第一團，下轄一、三兩個營，另外還組編了一個特務連，一個軍官隊，一個輜重隊，一個衛生隊，共計七〇〇人左右。二是把支部建在連上，營團有黨委，班有黨小組，全軍由前委統一領導。

三是在部隊中實行民主制度，在連、營、團各級設立士兵委員會，廢除繁瑣禮節，不准打罵士兵，經濟公開，官兵待遇一樣，建立起新型的官兵關係。這就是著名的「三灣改編」，「三灣改編」標誌著工農革命軍的新生，在我軍的建軍史上具有深遠而偉大的意義。

十月三日，工農革命軍進駐寧岡古城。當天便召開了前委擴大會議，出席會議的有前委委員，營以上幹部，永新、寧岡、蓮花三縣的黨組織負責人，共六十餘人。會議歷時三天，討論並決定建後方醫院和留守處及爭取對袁文才、王佐兩支地方武裝進行團結改造等問題。十月六日，毛澤東在寧岡大倉村會見了寧岡地方武裝負責人袁文才，並送給袁部一〇〇多支槍，袁文才也資助工農革命軍七〇〇塊大洋。在袁文才的幫助下，部隊在茅坪設立了一個留守處，建立了一所紅軍醫院，妥善安置了傷病員。

為了擴大政治影響，聯絡邊界各縣的農軍，同時解決經濟給養問題，毛澤東親自率領革命軍沿湘贛邊界游擊。在湖南酃縣十都，又派何長工去長沙等地尋找湖南省委和湘南特委，彙報起義部隊的情況，並打聽南昌起義部隊的消息。十月中旬、毛澤東率工農革命軍來到酃縣水口村，接見當地党的負責人周里，並在水口葉家祠堂親自主持了新黨員入黨宣誓儀式。在水口，毛澤東從國民黨的報紙上看到了南昌起義部隊在潮汕失敗的消息，更堅定了在井岡山建立革命根據地的決心。隨後，部隊分兩路行動，一路由宛希先率領一營的兩個連到湖南安仁、茶陵一帶游擊，另一路由毛澤東率領改變行軍方向，由原來的南下改為舉旗向東，折至江西遂川，向井岡山轉移。在水口，師長余灑度以去長沙向湖

南省委彙報情況為名離開了隊伍，成了可恥的逃兵。

　　毛澤東率領工農革命軍主力沿湘贛邊界進入遂川境內。十月
二十三日拂曉，部隊遭到遂川靖衛團蕭家壁地主武裝的襲擊，被
分成兩部分，一部分由張子清、伍中豪率領到桂東等地活動，後
來和朱德、陳毅率領的南昌起義餘部接上了頭，至十二月才上井
岡山。另一部分由毛澤東率領繼續向井岡山轉移。二十三日中午
到達黃坳，晚上到達荊竹山。二十四日中午到達大井村，受到王
佐部隊的歡迎。毛澤東送給王佐部隊七十支槍，王佐回贈毛澤東
五百擔稻穀。在離開荊竹山時，毛澤東向部隊宣佈了三項紀律：
第一，行動聽指揮；第二，打土豪籌款要歸公；第三，不拿老百
姓一個紅薯。部隊在大井住了三天，於二十七日到達茨坪。隨
後，毛澤東先後派出徐彥剛等人到袁文才部、何長工到王佐部開
展工作。對袁、王兩部隊從思想、組織、軍事素質等方面進行改
造。1928 年初還幫助王佐消滅了他的死對頭——井岡山大惡霸
尹道一，使王佐更加信賴工農革命軍。在毛澤東及工農革命軍的
努力下，對袁王部隊的改造進展順利，取得明顯效果，王佐也很
快加入了共產黨。一九二八年二月，袁王兩部在寧岡大隴改編為
工農革命軍第一師第二團，袁文才為團長，王佐為副團長，何長
工為黨代表。

　　一九二七年十一月上旬，毛澤東在茅坪的象山庵召開了寧
岡、永新、蓮花三縣黨組織負責人會議。會後，為了創建與擴大
根據地，工農革命軍決定攻打茶陵。十八日清晨，部隊攻佔了茶
陵縣城，隨後成立了茶陵縣人民委員會，譚梓生任縣長。新的政
權照樣是升堂審案，收稅完糧，令群眾大失所望，陳浩等一部分

幹部則吃喝享樂，一派大功告成的景象。宛希先見狀急忙給毛澤東寫信告訴這些情況，毛澤東立即覆信，要求迅速改變這種狀況，重建工農兵政府。宛希先立刻開會傳達了毛澤東的意見，重新成立茶陵縣工農兵政府，譚震林為主席。這是湘贛邊界的第一個縣級紅色政權，也是全國最早的縣級紅色政權之一。

十二月二十五日，湘敵吳尚第八軍進剿井岡山根據地，進攻茶陵城。工農革命軍與敵人激戰後，因敵眾我寡，主動撤出茶陵城，向井岡山轉移。但團長陳浩、副團長徐庶、參謀長韓昌劍等人企圖將隊伍拉到湘南去投靠國民黨十三軍軍長方鼎英。陳浩是方在黃埔軍校的學生，在茶陵城裡時陳浩就給方寫了信，溝通了聯繫，準備叛變投敵。當部隊行軍至茶陵湖口時，被毛澤東追上，命令部隊停止前進。當晚毛澤東在湖口召開了營以上幹部會議，揭露了陳浩等人的叛變陰謀。第二天部隊返回寧岡，前委在礱市召開大會，宣判了陳浩等人的罪行，當場處決了陳浩、徐庶和韓昌劍等人。毛澤東在會上還提出了工農革命軍的「三大任務」：一、打仗消滅敵人；二、打土豪籌款子；三、宣傳群眾、組織群眾、武裝群眾、幫助群眾建立革命政權。「三大任務」的提出，對人民軍隊的建設起了重要的作用，在軍隊的建設史上具有重要意義。

為了解決部隊的給養，擴大根據地，工農革命軍於一九二八年一月攻打了遂川。一月四日，毛澤東率部從寧岡礱市出發，經茅坪、茨坪、下莊、黃坳，進攻遂川。途中，在大坑打垮了蕭家壁的靖衛團。一月五日，工農革命軍佔領遂川縣城。隨後，幫助重建遂川的黨組織，成立了遂川縣委，陳正人為書記。一月二十

四日，成立了遂川縣工農兵政府，王次淳被選為主席。一月二十五日，毛澤東在縣城的李家坪向部隊宣佈了最早的「六項注意」：一、還門板；二、捆鋪草；三、說話和氣；四、買賣公平；五、借東西要還；六、損壞東西要賠。

二月中旬，江西敵軍一個營進駐寧岡新城，毛澤東率部回到寧岡，並親自指揮，於十八日攻克新城，全殲國民黨贛軍一個營和寧岡靖衛團，俘敵一百餘人，繳槍三百餘支，活捉國民黨寧岡縣長張開陽。二月二十一日，工農革命軍在礱市召開了群眾大會，處決了張開陽，並成立了寧岡縣委和縣工農兵政府。

從一九二七年十月到一九二八年二月，在中共前敵委員會的領導下，井岡山革命根據地已初具規模。部隊先後攻克了茶陵、遂川、寧岡三個縣城，成立了縣工農兵政府；恢復和建立了茶陵、遂川、寧岡、永新四個縣委，酃縣特別區委，蓮花特別支部；工農革命軍發展為兩個團，並幫助地方建立了赤衛隊、暴動隊等組織，從而開創了工農武裝割據的局面。

第二階段：井岡山革命根據地的鞏固和發展。（1928 年 3 月至 1929 年 1 月）

八一南昌起義保留下來的部隊，在朱德、陳毅的率領下，於一九二七年冬從廣東三河壩撤出戰鬥後，經粵湘贛邊境艱苦轉戰，進入湘南。在湘南特委和宜章縣委的配合下，朱德、陳毅率領部隊於一九二八年一月十二日智取宜章縣城，揭開了湘南暴動的序幕。隨後，暴動的浪潮波及周圍二十餘縣。

與此同時，湘南特委的代表周魯於三月上旬來到寧岡，指責湘贛邊界「燒殺太少，行動太右」。周魯根據中央和湖南省委的

指示精神，取消了毛澤東為書記的前委，改組為師委，任命何挺穎為書記，毛澤東為師長。並且不顧毛澤東等人的反對，強行要毛澤東把隊伍拉往湘南，遠離根據地，去策應湘南暴動。三月中旬，工農革命軍分三路向湘南進發，當工農革命軍離開邊界以後，國民黨軍隊乘虛而入，闖進根據地，進行大肆燒殺。遂川反動地主武裝頭目蕭家壁採用割頭、剖腹、點天燈等許多慘無人道的刑罰對付共產黨員和革命群眾。張開陽的老婆帶領挨戶團在寧岡燒殺。井岡山根據地除茅坪、大小五井、茨坪等地外，被敵佔領一個多月，導致邊界的「三月失敗」。

這時，由於軍閥混戰暫時結束，互相勾結起來對付湘南暴動大軍，致使部隊面臨強敵的攻擊。為了保存實力，朱德、陳毅等當機立斷，有計劃地命令部隊撤出湘南，分兩路向井岡山轉移。毛澤東得知這一消息後，也兵分兩路接應他們。四月二十五日，湘南暴動部隊有近萬人先後到達了寧岡礱市。四月二十八日，毛澤東率領部隊擊潰尾隨的敵人，回到了礱市。在龍江書院，毛澤東與朱德、陳毅等人勝利會師。五月四日，在礱市廣場舉行了慶祝兩軍勝利會師大會，正式宣佈成立中國工農革命軍第四軍（後改稱工農紅軍第四軍），朱德任軍長，毛澤東任黨代表，王爾琢參謀長，陳毅任士兵委員會（即政治部）主任，下轄三個師九個團，全軍一萬多人。會上還再次重申了「三大任務」和「三大紀律、六項注意」。後來由於給養問題，湘南起義的農軍大部分被動員返回湘南進行游擊戰爭，這時，紅軍撤銷師的建置，保留四個主力團：二十八團（原南昌起義的部隊）、二十九團（湘南起義的部隊）、三十一團（秋收起義的部隊）、三十二團（袁、

王的部隊），共計六千多人。

四月中旬，湘贛兩省敵人調集了十個師的兵力，開始對井岡山根據地進行第一次「會剿」。後來，由於蔣、桂、馮、閻對張作霖的戰爭爆發，江西只剩下贛敵二十七師楊如軒部參加「會剿」。五月二日，楊如軒以永新為大本營，兵分兩路向井岡山進犯。毛澤東、朱德等分析了敵情，採取了以下應敵措施：一方面，毛澤東率三十一團，搶佔新老七溪嶺的有利地形，堵擊敵七十九團的進攻；另一方面，朱德、陳毅率二十八、二十九團，佯攻遂川，從側面攻贛敵周體仁的八十一團。朱德率二十八團在五鬥江與敵八十一團激戰，將敵擊潰，第一次佔領永新城。五鬥江戰鬥後，前委召開了一次擴大會議。毛澤東、朱德總結了歷次戰鬥經驗，第一次提出了「敵進我退，敵駐我擾，敵疲我打，敵退我追」的十六字訣，產生了我軍帶著樸素性質的游擊戰爭的戰略戰術。一個星期後，敵人又組織了對井岡山的第二次進剿。紅四軍得知敵人進犯的消息，主動退出永新。一面派二十九團騷擾敵人，一面令三十一團一營襲擊茶陵高隴，造成敵人錯覺。江西敵人以為我根據地內兵力空虛，於是楊如軒率領兩個團作為主力，進攻邊界腹地。朱德率領部隊在永新縣城與裡田之間的草市坳設下埋伏，全殲敵七十九團，擊斃團長劉安華，第二次佔領永新。

六月下旬，敵人以五個團的兵力由永新向井岡山發動了更大規模的進攻。毛澤東、朱德運用聲東擊西的戰術，於二十三日在寧岡、永新交界的新老七溪嶺嚴陣以待。這一天正是傳統的端午節，朱手提機關槍，親自上陣，戰鬥從清晨一直進行到下午三點才結束，這次戰鬥殲敵一個團，繳槍八百多支，史稱「龍源口大

捷」。當地群眾還編了一首歌謠：「不費紅軍三分力，打敗江西
『兩隻羊』，真好，真好，快暢，快暢！」隨後紅軍第三次佔領
了永新城，取得了粉碎湘贛敵人第一次反革命「會剿」的勝利。

龍源口大捷後，井岡山根據地進入全盛時期，割據區域擁有
寧岡、永新、蓮花三個全縣，吉安、安福各一小部，遂川北部，
酃縣東南部，面積七〇〇〇餘平方公里，人口六十五萬。五月下
旬還成立了湘贛邊界工農兵政府，袁文才任主席。下設土地部、
軍事部、財政部、政法部、工農運動委員會、青年委員會、婦女
委員會，著重負責領導根據地的土地革命。

一九二八年五月，湘贛邊界黨的第一次代表大會著重討論了
根據地的土地革命，制訂了具體的方針、政策。會後，各縣、
區、鄉政府中都成立了土地委員會，普遍開始了分田運動。十二
月，湘贛邊界工農兵政府制定並公佈了我黨最早的土地法規《井
岡山土地法》，《井岡山土地法》為我黨後來深入開展土地革命，
制定更全面的土地法令奠定了基礎。

湖南省委派袁德生、杜修經於六月三十日到達永新，帶來湖
南省委的指示信，要「四軍攻永新敵軍後，立即向湘南發落。」
接到指示信的當天晚上，湘贛邊界特委、紅四軍軍委、永新縣委
在縣城的商會樓召開聯席會議，著重討論湖南省委的指示信，研
究根據地黨的工作和紅四軍的行動計畫，會議決定紅四軍繼續留
在湘贛邊界開展工作。七月四日，又以紅四軍委和湘贛邊界特委
的名義向湖南省委寫了報告，並陳述了不去湘南的六條理由，要
求省委給予新的決定。

七月初，敵人的第二次「會剿」開始了。湘敵吳尚部從酃縣

侵入寧岡，準備與江西的敵人到永新會合。根據這一情況，朱德率二十八、二十九團進攻酃縣、茶陵，迫使敵軍回兵。七月十二日，紅軍攻克酃縣。湘敵聽到消息後急忙於十四日經蓮花退回茶陵。紅軍攻克酃縣後，二十九團的官兵思鄉心切，並於當晚召開士兵委員會，擅自決定回湘南去。七月二十四日，部隊與敵范石生部戰於郴州，先勝後敗。二十九團被沖散，一部分跑回宜章家鄉後在樂昌被土匪武裝消滅，一部分散落在郴、宜等地不知所終，只有胡少海和蕭克帶領百餘人歸隊。幸虧二十八團損失不大，他們與軍部一起連夜向井岡山撤退。與此同時，毛澤東率領的三十一團留在永新與敵人十一個團周旋，困敵於永新附近三十里內達二十五天之久，最後因敵我力量懸殊，只好撤出戰鬥。這時傳來紅軍在湘南失利的消息。毛澤東決定親率三營前往湘南迎回紅四軍大隊，留下一營和袁文才、王佐部隊留守井岡山。這時，湘贛敵人得知紅軍大隊遠離根據地，有三個團的敵軍及反動地主武裝捲土重來，一時間白色恐怖籠罩城鄉，投機分子紛紛反水，根據地內被殺的人、被燒的屋不計其數，損失嚴重，史稱「八月失敗」。毛澤東後來在《井岡山的鬥爭》一文中總結了此次失敗的原因：「（1）一部官兵動搖思家，失掉戰鬥力；一部官兵不願往湘南，缺乏積極性。（2）盛暑遠征，兵力疲憊。（3）從酃縣冒進數百里，和邊界失去聯繫，成了孤軍。（4）湘南群眾未起來，成了單純的軍事冒險。（5）敵情不明。（6）準備不好，官兵不瞭解作戰的意義。」[312]紅四軍主力在回井岡山途中，

312 毛澤東：《井岡山的鬥爭》，《毛澤東選集》第一卷，北京：人民出版社，1991，第61頁。

至桂東沙田進行了整編，這時毛澤東率領的隊伍也於八月二十三日到達了沙田。兩支隊伍會合後，召開了營以上幹部會議，對這次失敗作了總結，然後部隊向井岡山轉移。在崇義的思順圩又發生了二十八團二營營長袁崇全率一步兵連一炮兵連叛變，後雖追回了這兩個連，但犧牲了團長王爾琢。

這時，也就是八月三十日，湘贛敵軍以四個團的兵力，從寧岡方向會攻井岡山黃洋界。留守黃洋界的紅軍在三十一團團長朱雲卿、黨代表何挺穎、一營營長陳毅安的率領下，憑藉黃洋界的有利地勢，發動群眾，以不足一營的兵力打垮了敵軍四個團的進攻，保衛了井岡山，取得了第二次反「會剿」戰役中有決定性意義一仗的勝利。九月十二日紅四軍主力重返根據地，在遂川擊敗贛敵劉士毅部，並擊斃了叛徒袁崇全，收復了遂川城。九月二十六日毛澤東、朱德率紅軍從遂川回到井岡山。十月一日，紅四軍又在寧岡坳頭隴全殲敵軍一個營，收復了寧岡。十一月九日，紅四軍在寧岡新城和永新龍源口擊敗國民黨贛軍一個團，又一次佔領了永新城。至此，第二次反「會剿」取得了很大勝利。

由於敵人殘酷的經濟封鎖，當時紅軍的生活相當艱苦，食鹽、布匹、藥材等日用品，十分缺乏。為了解決這些問題，部隊想了許多辦法：1.積極開辦圩場，活躍邊界經濟。同時新遂邊陲工農兵政府還在茨坪、大小五井等地創辦了公賣處。2.自力更生，解決困難。缺少藥品，醫務人員就上山挖草藥，採用中、西結合的方法，為傷病員治病。缺少食鹽，邊界軍民大力熬製硝鹽，以代替食鹽。在寧岡桃寮村開辦了一個被服廠。一九二八年七月，紅四軍在茨坪創辦了一個軍械處。3.打土豪、籌款子。

4.官兵一致，艱苦奮鬥。紅軍從軍長到士兵都沒有薪餉，「每天除糧食外的五分錢伙食費都感到缺乏」[313]，為了節省油，毛澤東晚上辦公也只點一根燈芯的油燈。

一九二八年冬，毛澤東、朱德領導井岡山軍民大力加強兩個軍事根據地的建設，「第一個根據地是井岡山，介在寧岡、酃縣、遂川、永新四縣之交。北麓是寧岡的茅坪，南麓是遂川的黃坳，兩地相距九十里。東麓是永新的拿山，西麓是酃縣的水口，兩地相距百八十里。第二個根據地是寧岡、永新、蓮花、茶陵四縣交界的九隴山，重要性不及井岡山，為四縣地方武裝的最後根據地，也築了工事」[314]。同時，毛澤東為了鞏固根據地，還採取了三大方法：「第一，修築完備的工事；第二，儲備充足的糧食；第三，建設較好的紅軍醫院。把這三件事切實做好，是邊界黨應該努力的。」[315]

為了總結井岡山根據地一年來的鬥爭，確定邊界黨的任務，一九二八年十月四日至六日，湘贛邊界黨的第二次代表大會在寧岡茅坪的步雲山召開，出席這次大會的有六個縣和軍隊黨的代表一〇〇多人。大會通過了《決議案》（即毛澤東起草的《政治問

313 毛澤東：《中國的紅色政權為什麼能夠存在？》，《毛澤東選集》第一卷。北京：人民出版社，1991，第 53 頁。

314 毛澤東：《井岡山的鬥爭》，《毛澤東選集》第一卷，北京：人民出版社，1991，第 68 頁。

315 毛澤東：《中國的紅色政權為什麼能夠存在？》，《毛澤東選集》第一卷。北京：人民出版社，1991，第 54 頁。

題和邊界黨的任務》,《中國的紅色政權為什麼能夠存在?》就是其中的一部分),並對邊界的組織問題、宣傳問題、土地問題等進行了討論,還通過了《工會組織法》。大會選舉產生了湘贛邊界第二屆特委會。譚震林為特委書記。

十一月二日,湘贛邊界特委收到中共中央六月四日的來信,信中肯定建立羅霄山脈政權的計畫,對邊界的工作作了正確的指示。根據中央來信指示,十一月六日重新組建了前敵委員會(稱「井岡山前委」),毛澤東為書記,前委統轄特委和紅四軍軍委,是井岡山根據地黨的最高領導機關。十一月二十五日,毛澤東代表井岡山前委向中央寫了報告,彙報了一年多來井岡山鬥爭的情況,《井岡山的鬥爭》一文就是這個報告的主要部分。

第三階段:堅持井岡山的鬥爭。(1929 年 1 月至 1930 年 2月)

一九二八年七月二十二日,彭德懷、滕代遠、鄧萍、黃公略等人根據湖南省委的指示,舉行了平江起義,隨後成立了中國工農紅軍第五軍,彭德懷為軍長,滕代遠為黨代表,全軍共二五〇〇餘人,一五〇〇多支槍。平江起義的勝利,推動了湘鄂贛邊界革命的發展,很快形成了湘鄂贛邊工農武裝割據的局面。不久,湘敵以八個團的兵力分五路圍攻平江城。為了保存革命力量,紅五軍主動撤出平江,隨後又接到湖南省委的指示信,要部隊向井岡山進軍,與紅四軍取得聯絡。

一路上,紅五軍遭到敵人堵截,邊走邊打,到萬載大橋時,傷亡很大,只剩五〇〇多人了。此後部隊分兩路就近游擊。十月中旬,在江西修水台莊召開了湘鄂贛邊界各縣和紅五軍黨的代表

大會，成立了湘鄂贛邊界特委，滕代遠為書記。會上決定將紅五軍與地方武裝合編為五個縱隊，一、二、三縱隊由黃公略率領留在湘鄂贛邊界堅持游擊戰爭，四、五縱隊由彭德懷、滕代遠率領奔赴井岡山。紅四軍得知紅五軍主力上井岡山的消息後，立即派何長工等組織了北路行動委員會，率特務營和獨立營前往蓮花九都接應。十二月十日，紅五軍到達寧岡新城與紅四軍勝利會師。十四日上午，兩軍在新城西門外舉行了會師慶祝大會，陳毅還為主席臺寫了一副對聯：「在新城，演新劇，歡迎新同志，打倒新軍閥；爭紅光，當紅軍，高舉紅旗幟，創造紅世界」。

一九二九年一月一日，湘贛國民黨軍「剿共」總指揮部在萍鄉成立，何鍵任總指揮，金漢鼎任副總指揮，開始對井岡山進行第三次「會剿」，參加會剿的敵軍達十八個團。一月四日，井岡山前委在寧岡柏路村召開了前委、特委、各縣縣委、團特委、紅四軍、紅五軍軍委聯席會議。會議決定紅四軍主力出擊贛南，採取「圍魏救趙」的方針，到外線打擊敵人，解井岡山之圍，紅五軍和紅四軍的三十二團留守井岡山，並對部隊進行一次混編，紅五軍的四、五縱隊編為紅四軍三十團，彭德懷任紅四軍副軍長兼三十團團長，滕代遠任紅四軍副黨代表兼三十團黨代表。

一月十四日，紅四軍主力三六〇〇餘人由毛澤東、朱德率領從茨坪、小行洲等地出發，向贛南出擊。二十日，紅四軍在大余遭敵李文彬部三個團襲擊，首戰失利。紅四軍折向江西邊界游擊。為擺脫追兵，每天平均行軍九十里以上。二月十日，部隊抵達瑞金、寧都交界的大柏地，利用這裡的有利地形，與尾追的敵軍劉士毅部交戰，結果全部擊潰敵人，活捉了敵團長等八〇〇餘

人，繳槍八○○多支，取得了出師贛南後的第一次大捷。一九三三年夏天，毛澤東同志重新經過大柏地，觸景生情，揮筆寫下了《菩薩蠻·大柏地》：「赤橙黃綠青藍紫，誰持彩練當空舞？雨後復斜陽，關山陣陣蒼。當年鏖戰急，彈洞前村壁，裝點此關山，今朝更好看。」

　　紅四軍主力下山後，留守井岡山的一五○○餘紅軍和當地群眾，在彭德懷的率領下，於一月二十五日在茨坪舉行了誓師大會，隨後分赴五大哨口堅守陣地。二十六日，戰鬥打響，井岡山軍民與敵激戰了三個晝夜。二十九日晚，進攻黃洋界的敵軍，在山下的寧岡喬林鄉收買了當地的無業遊民陳開恩，由他帶路繞開紅軍正面工事，從一條山澗裡竄入到小井村，殺害我一三○多名紅軍重傷患後，直撲黃洋界哨口。這時，八面山哨口工事也被敵人用炮火全部轟塌，一○○多名紅軍指戰員幾乎全部犧牲。桐木嶺哨口也失守了。在這種四面受敵，孤軍無援的情況下，彭德懷、滕代遠收容起五、六百人，向南突出重圍，何長工、王佐、李燦等沒來得及離開井岡山的紅軍則轉入深山密林，堅持游擊戰爭。敵人佔領井岡山後，又立即調集四個團的兵力進攻九隴山軍事根據地。九隴山軍民苦戰三天后，全部安全轉移。井岡山的第三次反「會剿」失敗了。

　　敵人佔領井岡山後，實行了慘無人道的燒殺政策：「石頭要過刀，茅草要過火，人要換種」，五大哨口之內的房屋全部被燒，茨坪、大小五井約有三○○多人被殺，大井連續燒過四次，下井反覆燒了十三次。寧岡、永新兩縣也遭到敵人的殘酷燒殺。一九二九年二月初，井岡山下了很大的雪。敵人佔據茨坪後因天

氣寒冷，糧草短缺，又常受到深山中的紅軍的襲擊，因此不到十天便撤下了山。待敵人正規部隊一走，王佐率隊伍乘機殺下山來，很快收復了井岡山軍事根據地。何長工、李燦率領的紅軍隊伍也先後收復了寧岡縣的大部地區。三、四月間，湘贛邊界特委集中紅五軍李燦、紅四軍王佐所帶領的紅軍和一部分地方武裝，組成了湘贛邊界紅軍獨立一團，在邊界各縣開展游擊鬥爭。

彭德懷率紅五軍從遂川方向突圍後，進入贛南，在上猶、崇義一帶游擊，當時部隊只剩三○○餘人。後來在地方黨組織和群眾的配合支持下，一舉攻克了于都縣城。二月下旬，又奔襲安遠縣城，並籌款萬餘元，解決了給養問題，補充了兵員。在安遠縣城又得知紅四軍攻佔長汀，為配合紅四軍的行動，紅五軍進佔瑞金縣城。四月一日，紅四軍與紅五軍在瑞金會合。兩軍在瑞金休息數日後，於八日一起開到于都縣。在于都，毛澤東主持召開了前委擴大會議，決定紅四軍繼續留在贛南閩西活動，紅五軍重回井岡山，重建湘贛邊界政權。會後，紅五軍離開於都，四月下旬到達遂川，五月二日勝利抵達茨坪和大小五井，紅五軍到達茨坪的當天，便召開了五大哨口內的群眾大會，代表前委向井岡山人民進行慰問，發給到會群眾每人一塊銀元。隨後，紅軍獨立一團編入紅五軍，為第六縱隊，王佐為司令員，何長工為黨代表。五月中旬，江西敵人金漢鼎的兩個團侵入寧岡，紅五軍退往湘南，攻克了酃縣、桂東、桂陽等縣城，接著，部隊又轉戰粵贛邊境，此時，湘贛邊界再次遭到敵人的破壞。一九二九年六月下旬，紅五軍經贛南的大余返回井岡山，又接連攻克了遂川、寧岡縣城。七月中旬，紅五軍攻打安福縣城，重創敵軍，但紅五軍損失亦

大，軍參謀長劉之至、第四縱隊司令員賀國中等英勇犧牲。八月，紅五軍應湘鄂贛特委的要求，前往萬載、銅鼓、平江、瀏陽等地游擊。此後，紅五軍第四縱隊仍返回湘贛邊界開展游擊活動。十月下旬，在湘贛邊界特委的領導下，發動永新、寧岡、蓮花的地方武裝攻打永新縣城，於三十日勝利攻佔永新城。

一九三〇年一月十八日，根據中央巡視員彭清泉的建議，贛西特委、湘贛邊界特委、紅五軍軍委在遂川于田召開聯席會議，決定將兩個特委合併為贛西特委，並武力解決袁文才、王佐部隊。二月二十四日，袁文才、王佐被錯殺於永新縣城。一九三〇年二月七日，毛澤東在吉安陂頭村主持召開了紅四軍前委、紅四、紅五軍軍委、贛西、贛南特委聯席會議，決定將兩個特委合併為贛西南特委，原湘贛邊界特委管轄的區域改由贛西南特委下轄的西路行委管轄。至此，井岡山鬥爭歷史結束，湘贛邊界的革命鬥爭進入了以永新為中心的湘贛革命根據地的新時期。

江西文庫 A0701B16

贛文化通典（名勝卷）　第一冊

主　　編	鄭克強
版權策畫	李　鋒
責任編輯	楊家瑜
發 行 人	陳滿銘
總 經 理	梁錦興
總 編 輯	陳滿銘
副總編輯	張晏瑞
編 輯 所	萬卷樓圖書股份有限公司
排　　版	菩薩蠻數位文化有限公司
印　　刷	維中科技有限公司
封面設計	菩薩蠻數位文化有限公司

出　　版　昌明文化有限公司

桃園市龜山區中原街 32 號

電話　(02)23216565

發　　行　萬卷樓圖書股份有限公司

臺北市羅斯福路二段 41 號 6 樓之 3

電話　(02)23216565

傳真　(02)23218698

電郵　SERVICE@WANJUAN.COM.TW

大陸經銷　廈門外圖臺灣書店有限公司

電郵　JKB188@188.COM

ISBN 978-986-496-227-3

2018 年 1 月初版

定價：新臺幣 320 元

如何購買本書：

1. 轉帳購書，請透過以下帳戶

合作金庫銀行 古亭分行

戶名：萬卷樓圖書股份有限公司

帳號：0877717092596

2. 網路購書，請透過萬卷樓網站

網址 WWW.WANJUAN.COM.TW

大量購書，請直接聯繫我們，將有專人為您

服務。客服：(02)23216565 分機 610

如有缺頁、破損或裝訂錯誤，請寄回更換

版權所有·翻印必究

Copyright©2016 by WanJuanLou Books CO., Ltd.

All Right Reserved　　　**Printed in Taiwan**

國家圖書館出版品預行編目資料

贛文化通典. 名勝卷 / 鄭克強主編. -- 初版.
-- 桃園市 ： 昌明文化出版 ； 臺北市 ： 萬卷
樓發行, 2018.01

冊 ；　公分

ISBN 978-986-496-227-3(第一冊 ： 平裝). --

1.名勝古蹟 2.江西省

672.408　　　　　　　　　　107002007

本著作物經廈門墨客知識產權代理有限公司代理，由江西人民出版社授權萬卷樓圖書
股份有限公司出版、發行中文繁體字版版權。

本書為金門大學華語文學系產學合作成果。　　　校對：邱淳榆